後悔しない超選択術

Hyperselective Technique

メンタリストDaiGo

西東社

Prologue

人生は選択の連続である。

選択しなければ行動できず、
行動を起こさなければ
何も得られない。

人は1日に約70回、人生を左右する選択をしていると言われています。

今日のランチに肉を食べるか、魚にするか。
新規の顧客へのアプローチを電話にするか、アポなしで訪問するか。
気になる異性に声をかけるか、かけないか。
依頼のあった仕事を受けるか、断るか、条件交渉をするか。
同僚からの飲みの誘いを受けるか、先に帰るか。
会社を辞めるか、もう少し様子を見るか、このまま続けるか。
親の期待通りに振る舞うか、反抗するか。
交際相手にプロポーズをするか、しないか、先延ばしにするか。

選択には、些細なものから一生を左右するような重要なものまで、さまざまな種類があります。私たちの人生は常に、「Aか、Bか、Cか」の選択とともにあるのです。

そして、どの選択肢を選んだかは、将来の自分のあり方に大きな影響を与えます。毎日の選択の結果を受け止めるのは他でもない自分自身なのです。

だからこそ、「正しい選択をしなくてはならない！」と思うかもしれません。

ところが、過去から現在に至る脳科学と心理学の研究と実験をつぶさに見ていくと、研究者たちは、**「すべての人に当てはまる『正しい選択』は存在しない」**という見解を示しています。なぜなら選択する時点では、未来に何が起こるかわからないからです。

では、どういう選択を重ねることが、あなたの人生を幸せな方向に導くのでしょうか？

答えは、「後悔しない選択」をすることです。

長年オーストラリアで終末期ケアに携わってきた看護師のブロニー・ウェア氏は、**死を覚悟した患者さんのほとんどが悔恨や反省の言葉を残す**と言い、著書『死ぬ瞬間の5つの後悔』で、それらを次の5つにまとめています。

①他人の期待に従って生き過ぎた ②働き過ぎた ③素直な感情を表現しなかった ④友人に連絡をあまり取らなかった ⑤自分をもっと幸せにすればよかった

今を生きるあなたにもまた、この5つの後悔に心当たりがあるのではないでしょうか？

しかし、ここで考えていただきたいのですが、「他人の期待に従わずやりたいことをやる」「ワークライフバランスを重視する」などの選択ができたら、本当に後悔しないのでしょうか？

人は後悔する生き物です。何かにつけて「あのときこうしていればよかった」という気持ちが湧き出てきます。もし違う選択肢を選んでいたとしても、他人の期待に従わなかったり、プライベートを重視したりしたことで、別の後悔が生まれる可能性だって十分にあったはずです。

正しい選択は存在せず、他の選択肢を選んだ場合どうなるかは誰にもわからない以上、私たちにできる方法はただ1つ。「選択時はあれがベストであり、悔いはない」と思える「後悔しない選択」をすることです。「やりたいことをやるのは大事だが、他人の期待に応えることで得られるリターンも重要だ」、「仕事以外の時間も大事にすべきだが、必要な給与を得るためには取るべき選択だ」など、**状況を踏まえた冷静な判断ができれば、どんな選択をしようと後悔はなくなるのです。**逆に言えば、「いい判断ができていなかった」と無意識に感じているから後悔するのではないでしょうか？

これを聞いて「自分は選択時によく考えて判断ができている」と思った人もいるでしょう。しかし、合理的な「後悔しない選択」ができている人は極めて稀です。なぜなら多くの人が以下の間違った常識に染められているからです。

間違った常識①「正しい選択がある」

間違った常識②「今ある成功は、自分の過去の選択でできている」

間違った常識③「選択肢は多ければ多いほど可能性も広がる」

あなたもこの３つの「選択にまつわる間違った常識」に縛られていないか、チェックしてみてください。

！「正しい選択がある」という誤解

あなたは、正しい選択があると思っていませんか？

学校のテストで出る選択問題には、必ず正解があります。どの選択肢を選んでも不正解ではテストの意味がなくなるため、正しい選択が存在するわけです。しかし、こういったはっきりとしたモノサシが通用するのは学生時代のテストくらいのもの。**日々の暮らし、仕事には数え切れないほどの選択肢があり、どれを選べば正解なのか、選択時には誰にもわかりません。**実際、脳科学と心理学の研究は、私たちが物事を判断し、選択する場面において、正しい選択は存在しないと断言しています。

これはなかなか衝撃的な話ではないでしょうか。

なぜなら、私たちは心の中で「正しい選択をしたい」と願っているからです。目の前にある選択肢のいずれかに正解があり、それを選べば人生がよりよいものになる、と。

しかし、厳しい就職活動を経て新卒で入社した会社員の3割が3年以内に離職し、意気揚々と婚姻届を提出したカップルの3組に1組が離婚していくように、**慎重に選んだ選択がいつも幸せに導いてくれるとは限りません。**未来を予測するのが不可能なように、選択時の情報から絶対に得をするような選択肢を選ぶのは不可能なのです。例えよい結果がともなったとしても、それは運がよかっただけのことで「正しい選択」ができたわけではないのです。

脳科学と心理学の研究者たちは、「選択力を高めたいのであれば、正しい選択などないと考えること」とアドバイスしています。

というのも、「正しい選択があるはず」という思い込みに縛られると行動に移ることが妨げられるからです。

未来に何が起きるか誰にもわからない以上、選択に正解はありません。あるのはベターな選択。あらゆる選択においてベターを見抜く力を養うことが、本書が追求していく「後悔しないための選択術」なのです。

正しい選択は存在しない

正しい選択があると思い込む例

就活時

正しい選択だと思い、自信満々に選ぶ

3年後……

未来は予測できない

目指すのは後悔しない選択

絶対に得する選択をするのは不可能だと割り切り、現時点で最も合理的な後悔しない選択をするべき。

!「今ある成功は、過去の自分の選択でできている」という誤解

あなたが今、手にしている環境は、自分の意思で選択し、掴んだものだと思っていませんか？

私たちには、「自己奉仕バイアス」という思考の型があります。これは「成功したのは自分の力、失敗したのは相手の責任」と考えてしまう傾向で、失敗によって自分の心を傷つけないために備わっている防御本能の1つです。

物事がうまく運んでいるときは、「今の成功は自分の努力と正しい選択の積み重ねによるもの」と思い込み、うまくいかないときは「環境が悪かった」と失敗の原因から目をそらしてしまうのです。**じつのところ、思いがけないよい結果はご褒美のようなもので、本人の選択や判断の影響はわずかです。**

「今ある成功は、過去の自分の選択でできている」という常識は、**「前回もこれでうまくいったから」という短絡的な発想による選択を招く原因**となります。こうした心理は選択眼や判断力を曇らせ、後悔する選択につながるのです。

「今ある成功は、過去の自分の選択の結果」ではない

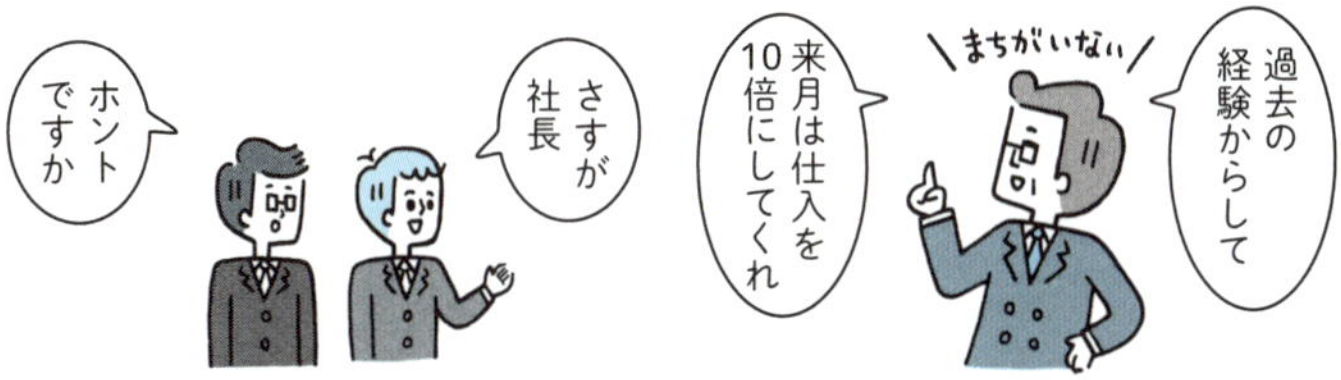

人は過去の選択の経験から、現在の選択をしてしまう

しかし、その選択は合理的とは言えない

過去にとらわれず、合理的な選択を目指す

- ブームは下火になりつつある
- 今月、十分な量の仕入をした

過去の選択はたまたま成功しただけという可能性もある。合理的な選択こそが、後悔しない選択となる。

「選択肢は多ければ多いほど可能性も広がる」という誤解

あなたは、「選択肢が増え、自由に選べるようになればなるほど、よい選択ができる」と思っていませんか？

かつては「選択肢の増加＝豊かさ」こそ、個人の幸せにつながると考えられてきました。ところが行動経済学の研究によって、選択肢が増え過ぎると人は不幸になるという「選択のパラドックス」が明らかになったのです。

まず、選択肢が増えると、迷って思い悩む時間が増え、時間という資産が失われてしまいます。また、どれだけ選択肢が増えたとしても、あっちを選んでいたらどうなったかな？　と、別の選択肢を選んだ場合の可能性を考え、後悔することが増えます。すると今度は、「選択回避の法則」が働くようになるのです。

選択回避の法則とは、選択肢が増えたことで迷い、結局いつも通りの選択をしてしまう傾向です。本当は変化すべきタイミングで、**選ぶべきであったかもしれない選択肢を見過ごし、現状維持を選んでしまうわけです。**

選択肢が多過ぎると人は不幸になる

選択のパラドックスとは？

選択肢が適度だと…

選択肢が多過ぎると…

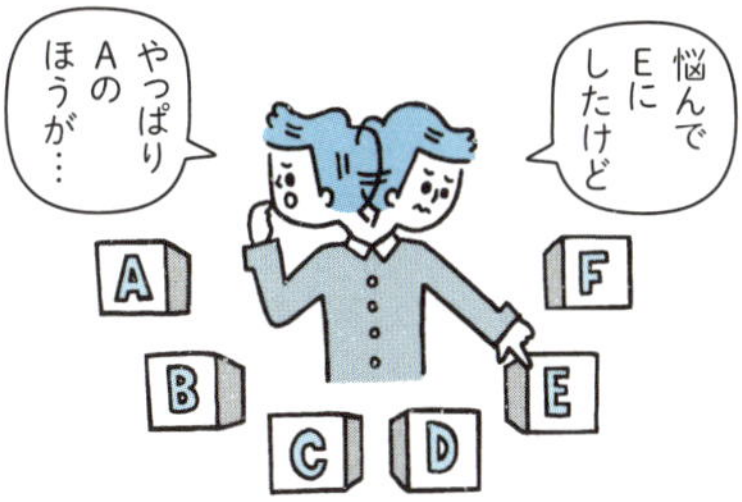

悩んだ末に選択肢を決定しても、「選ばなかった選択肢のほうがよかったのではないか」という後悔の念が生じてしまう。

選択回避の法則とは？

選択肢が適度だと…

選択肢が多過ぎると…

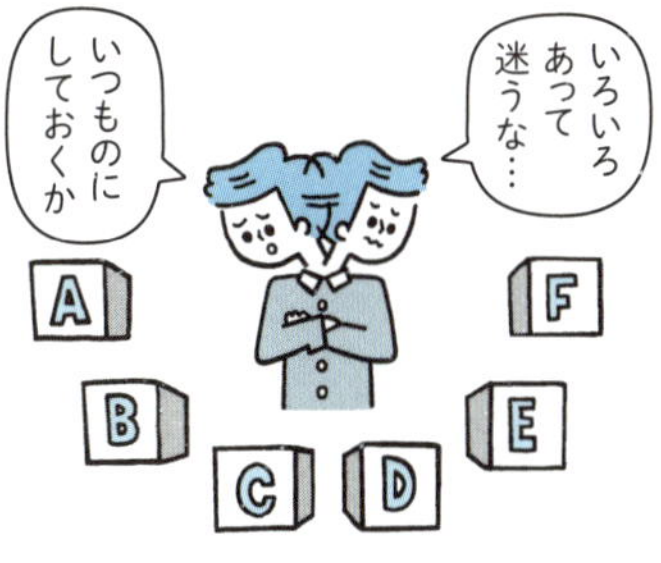

人は選択肢が多過ぎると新たな決定や行動をためらう心理的傾向があり、結局「現状維持」を選んでしまいがち。

正しい選択だと思えたときほど、一拍置くことが重要

「選択にまつわる3つの間違った常識」とその対策をまとめると、次のようになります。

間違った常識①「正しい選択がある」
対策 正しい選択ではなく、後悔しない選択を目指す

間違った常識②「今ある成功は、自分の過去の選択でできている」
対策 「いい結果＝いい選択の結果」は思い込み。過去のやり方は常に見直す

間違った常識③「選択肢は多ければ多いほど可能性も広がる」
対策 多過ぎる選択肢は判断を鈍らせることがあると理解する

まずはこの3つの対策を意識するようにしてください。間違った常識を疑うことが、あなたの出発点となります。

これが「正しい選択だ」と思ったときは、一度、立ち止まって深呼吸をしてみましょう。

私たちの脳は、ときに自分でも考えられないような不合理な選択をしてしまいます。だからこそ、これが自分には正しい選択だと思えたときほど、一拍置くことが重要です。

この先、本書では次のようなステップで、あなたの中にある「後悔しない選択をする力」を育てていきます。

第1章　選択の仕方にはスタイルがある
第2章　「後悔しない選択」をするための準備
第3章　「後悔しない選択」をするための習慣
第4章　選択力を鈍らせる5つの落とし穴
第5章　「後悔しない選択」をするトレーニング

選ぼうとしているものが本当にいい選択肢なのか、ただそのときのあなたにとって都合がよく、信じたいと願っているだけなのか？　その見極めができる目を養うためには、あなた自身の意思決定のスタイル（1章）を学び、後悔しない選択をするための準備（2章）と習慣（3章）を整え、あなたの判断を狂わせてしまう罠（4章）の存在を知り、選択力を鍛える訓練（5章）を行うことです。

「Life is a series of choices.」（人生は選択の連続である）

——ウィリアム・シェイクスピア

本書を読んでいただき、ステップを踏んで後悔しない選択の技術を学んでいくことで、あなたの選択する力は確実に磨かれていきます。

あなたも、後悔のない幸せな人生を手に入れてください。

メンタリスト　DaiGo

Contents

第2章 「後悔しない選択」をするための準備

第3章 「後悔しない選択」をするための習慣

第4章 ⇩ 選択力を鈍らせる5つの落とし穴

第5章
「後悔しない選択」をするトレーニング

第一章

選択の仕方にはスタイルがある

あなたが行った選択は、
あなたの考えによって
導き出されたものではない——
そう言われたら、
「そんなはずはない！」
と思う人もいるでしょう。
しかし、じつは
あなたの選択は
５つの意思決定スタイルに
支配されているのです。

introduction

あなたの選択を左右する「意思決定スタイル」

何かを選択するとき、いつも決まったパターンで行っているということを自覚している人は少ないかもしれません。「後悔しない選択」をするためには、まずは選択のタイプがあることを知っておきましょう。

1 最高の選択ではなく、後悔しない選択を目指す
2 「いい結果＝いい選択の結果」は思い込み。過去のやり方は常に見直す
3 多過ぎる選択肢は判断を鈍らせることがあると理解する

「はじめに」で、後悔しない選択をするためには、間違った常識に対するこの3つの対策を意識することが重要であることを説明しましたが、それと関連してもう1つ、覚えておいていただきたいことがあります。

それは**「意思決定スタイル」、つまり、あなたの選択のタイプ**です。

心理学の世界では、選択に関するさまざまな研究が行われていて、多くの事実が明らかになっています。中でも、後悔しない選択を考える上で極めて重要なのが選択のタイプについての研究です。**私たちは何かを選択するときに、毎回同じ傾向をもって選択を行っていると考えられています。**

なかなか物事を決められない人。
すぐに決断を下してしまう人。

これらは単なる性格のように思われていますが、それ以上に、人それぞれの選択のタイプが強く影響しているのです。しかも、その選択のタイプは物心がついた頃から決まっていて、成長したあともほぼ変わらないと言われています。

つまり、**あなたが今までしてきた選択は、それぞれ慎重に選んだように見えても、じつはあなた自身の考えより、そのタイプの影響を強く受け続けてきたのです。**

選択のタイプが、今現在のあなたをつくり出しているといってもいいでしょう。

もしあなたが、事前に自分の選択のタイプを知っていれば、別の未来が開けていたかもしれません。

Aか、Bか、Cかをパッと決められる人、どっちつかずの態度のまま逡巡してしまう人。こうした、**人それぞれに異なる選択のタイプのことを、心理学では「意思決定スタイル」と呼んでいます。**

私たちは何かを選択するとき、持って生まれた「意思決定スタイル」に影響を受けて、判断を下しているのです。

これから「選択する力」に磨きをかけていくにあたって、まずはあなた自身がどんな意思決定スタイルを持っているのかを自覚することが重要です。

なぜなら、**自分の意思決定スタイルを知ることで自分の選択の傾向を知り、効率的に「選択する力」を伸ばしていくことができる**からです。

この意思決定スタイルは、５つに分類されます。

あなたの意思決定スタイルがその５つのうちどれに当てはまるのか、確認していきましょう。

タイプの把握①

意思決定スタイルは5つに分けられる

「後悔しない選択」のためには、あなたの意思決定スタイルを知ることが重要です。なぜなら、これまでのあなたの選択は、その意思決定スタイルによって支配されていただけなのかもしれないからです。

2014年、アメリカのボーリング・グリーン州立大学の研究チームが意思決定スタイルについての過去の論文や研究をまとめ、「意思決定スタイルは以下の5つに分類される」と発表しました。

1 合理的スタイル

選択肢に対して論理的に分析、比較し、合理的に選択するタイプ。意思決定までに一定の時間がかかりますが、条件がそろっていればブレずに選択することができます。

2 直感的スタイル

数字やデータより、自分の感覚を重視するタイプ。「ピンときた！」など感情が大きく動いたときの意思決定は早いのですが、逆に悩み始めると時間がかかります。

3 依存的スタイル

他人のアドバイスに耳を傾け、意思決定をしていくタイプ。成功者や経験者の意見を重視し、難しい選択になればなるほど意思決定そのものを人任せにしてしまいます。

4 回避的スタイル

最終決定を先延ばしにしようとするタイプ。十分なデータが揃っていても、選択すること自体を避けようとするため意思決定に時間がかかり、優柔不断になりがちです。

5 自発的スタイル

選択するスピードが速く、決断力があるタイプ。ただし、データを比較するなどの合理的判断よりも、決めることそのものを重視するため、選択後に後悔するケースも。

あなたはどのスタイルに近いでしょうか？ほとんどの人は、この5つのうちどれか1つに当てはまるはずです。

5つの意思決定スタイル

合理的スタイル	直感的スタイル	依存的スタイル	回避的スタイル	自発的スタイル
論理的に考えて選択する	データよりも感覚を重視	他人の意見を重視する	最終決定を先延ばしに	考えるよりも結論を急ぐ

ランチの選択にも表れる5つの意思決定スタイル

例えば、昼休みに職場の仲間と街に出て「今日のランチは何にしようか？」「数ある飲食店から、どの店を選ぼうか」と相談している場面を思い浮かべてみましょう。

それぞれ異なる意思決定スタイルを持った5人が集まっていた場合、相談はこんなふうに展開していくはずです。

合理的スタイル「午後イチで会議があるから、軽めに蕎麦《そば》でサッと済ませたい」
直感的スタイル「今日は朝からカレーの気分だったんだよ。カレーにしようよ」
依存的スタイル「みんなで決めたのでいいよ」
回避的スタイル「蕎麦《そば》もいいけど、カレーもいいよね」
自発的スタイル「決まんないから、いつもの定食屋でよくない？」

結局、「蕎麦《そば》でサッと」となるか、「近いから定食屋に行こうよ」となるかは、グループ内の人間関係、場の状況によって変わってくるでしょう。ただし、一人ひとりの発言には、それぞれの意思決定スタイルが影響を与えています。

もちろん、回避的スタイルの人が決定権を握る立場になり、合理的な面を見せたり、依存的スタイルの人が趣味の分野に関しては直感的な面を見せるなど、複合的に意思決定が行われることもあります。それでも、ベースとなるそれぞれの意思決定スタイルは変わりません。

ちなみに、ボーリング・グリーン州立大学の研究チームは、「私たちは正解を追っているように見えて、じつは自分の意思決定スタイルを満たす選択肢を選ぶ傾向がある」とも指摘しています。つまり、**私たちが「自分で十分に考えて決定した」と思い込んでいる選択も、じつは、自分の意思決定スタイルに従っているだけと言えるわけです。**

重要なのは自分の選択のベースとなっているスタイルを知ること

後悔しない選択ができるようになるには、意思決定スタイルについて2つのポイントを押さえておきましょう。

☑ **自分の意思決定スタイルは５つのうちどれかを知る**

☑ **「人は意思決定スタイルに合った選択をしやすい傾向がある」と理解する**

まずは、あなたがこれまで当たり前にやってきた選択を「５つの意思決定スタイル」に照らし合わせて、確認していきます。「他人の意見に影響され過ぎる」「決断をあと回しにしがち」など、特定の傾向が見えてくるはずです。自分の意思決定スタイルがわかればこっちのもの。以降のページを参考にし、後悔する選択につながりそうな自分の決断のクセを直していきましょう。

意思決定スタイルのアンケート結果

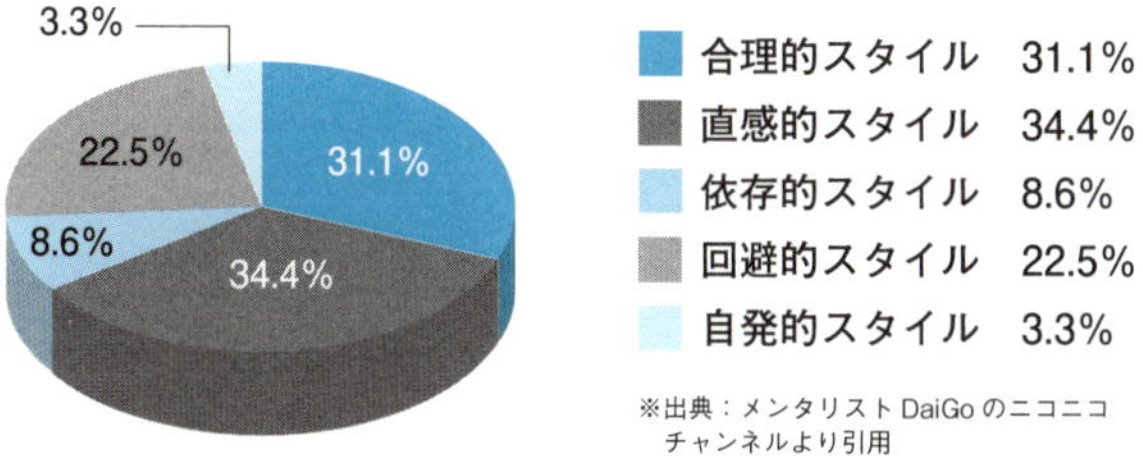

※出典：メンタリストDaiGoのニコニコチャンネルより引用

私のニコニコチャンネルで「自分の意思決定スタイルはどれだと思う？」と質問してみたところ、視聴者からの答えは図のような分布になりました。一番多いのは直感的スタイルのようです。

タイプの把握②

後悔しない選択をする合理的スタイル

5つの意思決定スタイルは「後悔しない選択」に大きな影響をおよぼします。後悔しない選択をするためには、自分の意思決定スタイルの短所を知り、改善する必要があるのです。

ボーリング・グリーン州立大学で行われた研究の結果、**自分の下した選択とその結果について後悔していない確率が最も高かったのは、「合理的スタイル」の人たちだということがわかりました。**判断材料を丁寧に分析した上で選択しているので、「あの時はこの選択が最善だった」と納得しやすいのだと考えられます。

合理的スタイルの人たちの選択は、周囲の人たちから見ても合理的、論理的で納得できるものと評価されました。実際に彼らは、後悔しない選択が上手だと考えられます。

一方、周囲からの評価が最も低かったのが「直感的スタイル」の人たちでした。直感による選択は、周囲の人たちから見ると「どうして？」と疑問に思うケースが多いからです。ちなみにこのスタイルの人たちは、選んだ時点では周囲の評価に比べ、自己採点が高いという特徴もありました。

なぜなら、**直感的スタイルの人は、自分が「正しい」と思ったことを肯定する情報だけを信じ、否定する情報を避けたり、無視する傾向がある**からです。

心理学ではこれを「確証バイアス」といいます。

つまり、直感的スタイルの人たちは、瞬間的に得た確信によって選択肢を狭めてしまい、結果的に、周囲から見ると理解できない選択をしてしまうのです。

例えば、映画やドラマ、小説ではよく「刑事の直感」によって容疑者の嘘を見抜き、事件が解決に向かっていくシーンが描かれます。

こうした刑事のカンが本当に当たるのかどうか調べた心理学の研究があります。その実験によると、刑事が他人の嘘を見抜く確率は54％でした。この数字を高確率ととらえるかどうかは、同じ実験で素人が他人の嘘を見抜いた確率と比べるとはっきりします。じつは、こちらの数字も54％だったのです。

この数字は表情分析を体系的に学び、表情やボディランゲージに表れる嘘のサインを見抜く訓練を積んだ人の場合、90％近くまで達することもわかっています。

しかし、体系的に学んでいない状態では、**ベテラン刑事のカンと素人の観察眼に差はありません。**そうなると一番やっかいなのは、「自分は刑事として経験を積んできた」という自負があり、直感的な意思決定スタイルを持った刑事です。

彼らは「経験上、自分の選択は当たっている」と思い込みながら、実際には素人と同じ五分五分の選択をすることになります。

つまり、刑事の直感という根拠のない確信によって、圧倒的な権力のもと、冤罪など刑事本人にとっても容疑者にとっても後悔しかないような選択を繰り返してしまう可能性が高いのです。

このように直感的スタイルの人は特に確証バイアスの影響を受けやすい傾向にありますが、どんな意思決定スタイルの人にも、多かれ少なかれ確証バイアスは働きます。

大切なのは、自分が確証バイアスにとらわれやすいかどうかを自覚することです。影響を受けやすいタイプの人は、「この人、こういう人だ」と思ったら、あえて真逆のところを探していきましょう。そうやって、自分の中の確証バイアスの存在を意識して直感を疑い、慎重に検討するための判断材料を並べていくのです。

意思決定スタイルが「合理的スタイル」ではない人は?

後悔しない選択をするのは合理的スタイルの人と聞いて、「自分の意思決定スタイルが合理的スタイルではなかった場合は、どうしたらいいの?」と、疑問が浮かんだ人もいるのではないかと思います。

しかし、諦めないでください。

重要なのは、「自分は合理的な判断が苦手だ」と意識し、気をつけることです。それは確証バイアスに限った話ではありません。**合理的スタイル以外の人は、物事を選択するとき、合理的スタイルの人よりも感情に強く影響される傾向があります。**

以下の例から、感情にとらわれず、合理的に判断するとはどういうことかが学べるはずです。

2001年、アメリカ同時多発テロでニューヨークのワールド・トレード・センタービルに旅客機が突っ込むという悲惨な事件が起きた直後、世界中の人ができるだけ飛行機の利用を控えようとしました。テロの恐怖から飛行機に乗らないという選択をしたわけです。しかし、合理的に考えて飛行機に乗ってテロに遭う確率と、地上で交通事故に巻き込まれる確率のどちらが高いかと言えば、圧倒的に後者です。

仮にテロリストたちが年間50機の旅客機をハイジャックし、満員の乗客を殺さないかぎり、横断歩道における死亡事故のリスクと確率はイーブンになりません。つまり、それだけの数のテロが日常的に起きているなら、飛行機を控えるという選択も合理的な意思決定になります。

しかし、現実は違います。圧倒的に交通事故の方が多いにも関わらず、飛行機によるテロをひどく恐れたのです。これは、心に植えつけられた恐怖の感情が意思決定に強く影響した結果です。そのため、非合理的な判断をしてしまったのです。

感情的な判断をしてしまうのは人間らしいと言えますが、重要な決定のときには判断の妨げになります。なので、**感情の影響を受けやすい人は自分が感情的になっていないか、普段から省みる必要があるのです。**

タイプの把握③

合理的スタイルに近づく5つの習慣

合理的スタイル以外の意思決定スタイルの人は、感情的になり非合理な選択をしやすい傾向を持っています。それを自覚した上で、選択する際の考え方を合理的スタイルに近づけていきましょう。

合理的スタイルに近づける習慣①

「自分のした選択について振り返り、評価する」

どんなに小さな選択であっても、**自分の決めた選択について振り返り、「他の選択肢はなかったか?」「選択の結果に満足しているか、後悔しているか」を評価していきましょう。**これらの項目を記入したリストを作り、点数や○×△などで評価していくのもよいでしょう。

特に意思決定スタイルが直感的スタイル、自発的スタイルの人は、選択時に他の選択肢を検討、比較しない傾向があるので、この振り返りの習慣を導入すると効果的です。

合理的スタイルに近づける習慣②

「楽をしない」

ここで言う「楽」とは、「誰々がいいと言っていたから」「テレビで評判だったから」といった他人の意見や、「常識的にはこっちでしょ」「よくわからないけど、こっちがよさそう」といった根拠のない感覚による選択などです。

何かを選択するとき、「今、自分は楽をしそうになっていないか？」と問いかけるクセをつけてください。特に意思決定スタイルが依存的スタイル、回避的スタイルの人は、他のスタイルの人より楽をしがちなので、気をつけましょう。

合理的スタイルに近づける習慣③
「長期的に考えてみる」

混雑した電車でイライラし、「押された」「押していない」で揉め、ケンカになり、今まさに相手を殴ろうとしているビジネスマンがいたとします。

このビジネスマンに、「今、目の前の相手を殴ることで5年後のあなたは幸せになっていると思いますか？」と問いかけることができれば、まず間違いなく、振り上げた拳を下ろすでしょう。

しかし、短期的な激情に駆られたままだと「ムカつくから殴る」という後悔する選択を選んでしまうのです。

こうした例は極端ではありますが、**意思決定の前に1年後、10年後の結果を想像してみるなど、日頃から長期的な視点で自分と自分を取り巻く状況について考えるクセをつけていきましょう。**それが合理的な選択をする力を養ってくれます。

合理的スタイルに近づける習慣④
「選択時の自信過剰、楽観的傾向を意識し、小さなテストを行う」

人間は物事が上手くいっていたり、今のままでも特に問題ないと思っているときは、自信過剰や楽観的傾向に陥り「自分は正しい選択ができる」と思いがちです。しかし、重要な意思決定をする立場の人間が、この考えにとらわれたままでいると、こんな後悔しかない選択をしてしまいます。

ビートルズからの売り込みを「ギターソングは流行らない」と拒否したレコード会社。
作者自ら原稿を持ち込んだ「ハリーポッター」の出版を断った出版社。
「パソコンを使う人なんていない」とAppleやマイクロソフトへの投資を渋った企

業や投資家たち。

自信過剰や楽観的傾向は意思決定を歪め、大きなしくじりにつながります。これを防ぐには、小さなテストを行うとよいでしょう。

私は出版する書籍のタイトルを決めるとき、Twitterやニコ生でフォロワーや視聴者にタイトル案を見てもらい、アンケートを取るようにしています。

自分の直感や、出版社の経験では「このタイトルが売れそう」だと思ったとしても、アンケートの結果が異なれば、基本はそちらを優先するようにしています。

なぜなら、自信過剰や楽観的傾向が選択を歪ませるリスクの方が怖いからです。

あなたも何かを選択するとき、周囲の声を聞くテストを行ってみましょう。

年齢や立場の違う知人に自分が選ぼうとしている選択について、どう見えるかを聞いたり、周囲の人に投票してもらうといった古典的な方法でも、一定の母数があれば十分な効果が得られるはずです。

面と向かってのアドバイスでなくとも、今はTwitterやFacebook、LINEなどのSNSを使って気軽に意見を求めることができますし、それらの方法でも十分に有効な意見やデータが得られます。

また、あなたの考えている選択肢をGoogleなどで検索するのもよいでしょう。

迷っている選択肢と似た過去の事例を見つけ、選択後に起きたことを学ぶことで、後悔しない選択をする糸口を掴むことができるようになります。また、このときに調べて分析した内容は、自分なりのデータベースとしていくことも可能です。

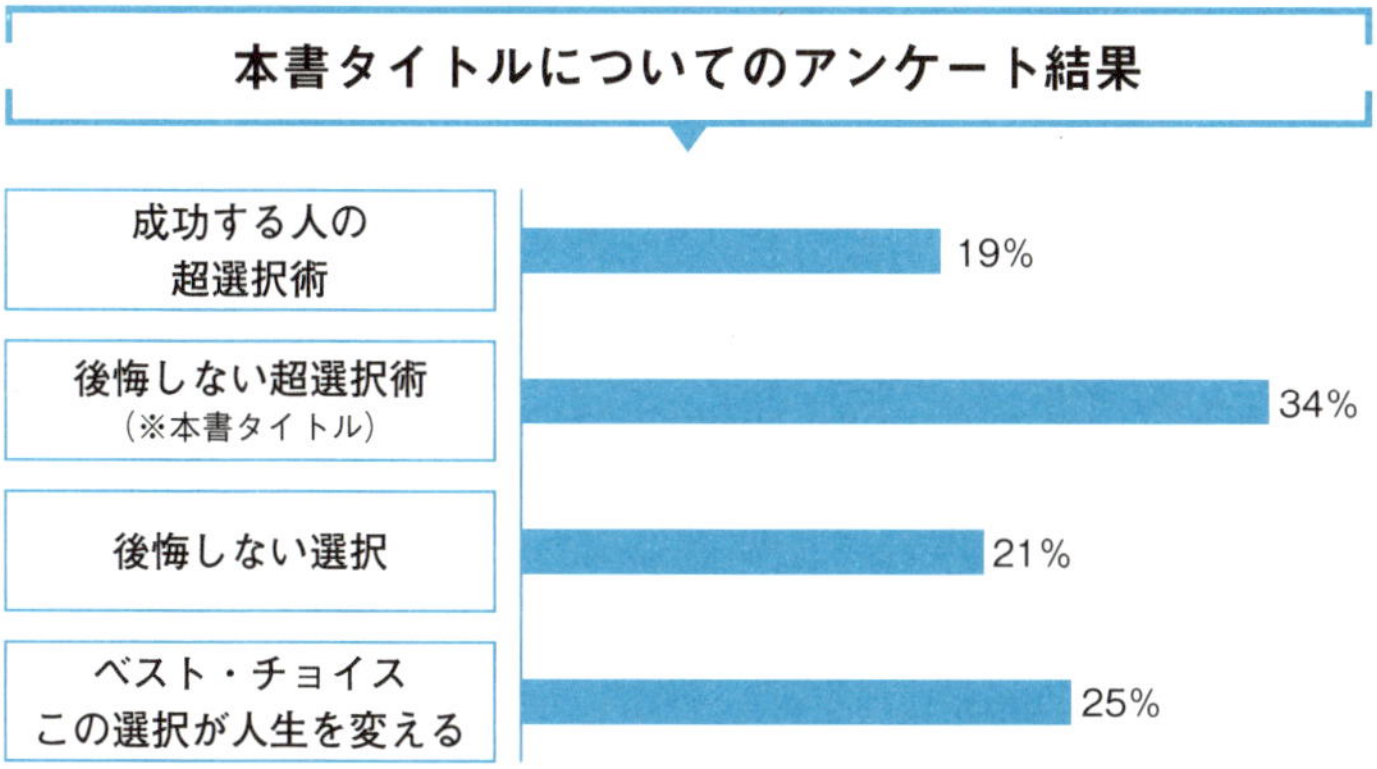

周囲の声を聞き、決められた本書のタイトル。DaiGoや出版社が予想しなかったタイトルが選ばれた。

※出典：メンタリストDaiGoのTwitterより引用

合理的スタイルに近づける習慣⑤

「過去の経験、失敗から学ぶ」

投資の世界で最も後悔しない選択を繰り返してきたであろうアメリカの伝説的投資家、ウォーレン・バフェット氏。そのバフェット氏の右腕として頼られてきた人物が、チャーリー・マンガー氏です。

自身も投資家として莫大な富を築き上げてきたマンガー氏には、ずっと続けてきた1つの習慣がありました。

それは、「チャーリー・マンガーの失敗ノート」を作ることです。

ノートに書き止められているのは、マンガー氏が見聞きしてきた数々の失敗。投資家、政治家、企業家、スポーツ選手、歴史上の人物、あるいは新聞記事となった一般の人々。マンガー氏は気になった失敗をノートに書き止め、新たな投資を行うときには必ず見返していました。そして、自分が選択時に何か失敗していないかチェックしていたのです。

その理由についてマンガー氏は、「成功の要因はいくつもあり、複雑で、何が寄与しているのかわからない。だが、失敗の要因は明らかだ」と答えています。**マンガー氏は失敗ノートを見て人の失敗を省みることで、自分がしてしまいそうな選択ミスを未然に防いでいったのです。**

私もそんなマンガー氏を見習って「失敗ノート」をつけ、新たな行動を起こすときには見返すようにしています。

例えば、保守的な社内勢力の反対でスマートフォンを作れなかったソニー、デジカメ市場への参入を断念して失速していったポラロイド社の失敗例です。これを読み返すと、私は自分が守りに入ろうとしたとき、「それは無意味な自己保身ではないか」と自問するのです。また、こうした事例を読み返すことで、「これはノートに書かれている状況に似ている」と、自分が失敗しやすい選択をしかけていることに気づく機会が増えました。気づけば当然、軌道修正することができます。**その繰り返しが、合理的スタイルに近づくトレーニングとなり、後悔する選択を遠ざけていくのです。**

ちなみに、私は興味を持った失敗例をメモアプリのEvernoteに保存しています。確認したいときはキーワード検索ができる上、一覧性も高いのでおすすめです。

タイプの把握④

「マキシマイザー」と「サティスファイザー」

「意思決定スタイル」は5つありましたが、選択して出た結果をどう受け止めるかにも大きく分けて2つのグループがあります。マキシマイザー（完璧主義）とサティスファイザー（完了主義）です。

マキシマイザー

いつも最高の結果を求め続けるタイプ。

サティスファイザー

最高でなくとも、ある程度の結果で納得できるタイプ。

心理学者バリー・シュワルツ博士の研究によると、マキシマイザーは選択の結果に満足することが少なく、常にストレスを溜める傾向があります。一方、サティスファイザーは「足るを知る」状態にあるので、人生の満足度が高いことがわかっています。

あなたが5つの意思決定スタイルのうち、どのスタイルだとしても、結果に対してはマキシマイザー、サティスファイザーのどちらかの傾向を持っています。そして、出た結果をどう受け止めるかも、「後悔する／しない」に大きな影響を与えるのです。

大切なのは、「自分は○○スタイルで、マキシマイザーだから、こういう選択をし、結果をこう受け止める傾向があるのだ」「私は○○スタイルで、サティスファイザーだから、こういう選択をしがちで、結果をこんなふうに受け止めがちなのだ」と知っておくこと。

自分の考え方の型、結果の受け止め方の傾向を掴むことが、後悔しない選択の第一歩となるのです。

合計10パターンのタイプを見てみましょう（左図）。

5つの意思決定スタイルと、2つの選択の受け止め方を掛け合わせると、さまざまなタイプに分類されることがわかります。

いずれの意思決定スタイルでも、結果への満足度は「サティスファイザー」の方が高い傾向があります。

また、「マキシマイザー」は選択の結果に対して常に、「あっちにしておけばよかった！」という後悔をする傾向にあります。

あなたはどのタイプに当てはまりますか？

	サティスファイザー	マキシマイザー
合理的スタイル	出た結果に対して「よく分析した結果なのだから、これで十分だ」と前向きに評価する。	行った選択に対し「合理的に考えて、もっと最高の選択はなかったか?」と反省し、さらに熟考。
直感的スタイル	結果への満足度が高く、さらに自分のカンに自信を深める。周囲の人にはその自信の根拠が謎。	自分の感覚を頼りに選択をするが、その結果になかなか満足できないという思いを繰り返す。
依存的スタイル	特定の人の意見でよい選択ができたと感じると、その人の意見をより重視するようになる。	自分の選択に自信が持てず、よりよい結果を求めてさらに別の人から意見を聞きたがる。
回避的スタイル	慎重な選択がよい結果につながったと解釈するため、意思決定により多くの時間を割く。	選ぶのに時間がかかる上、選択した結果に満足できない。極めて優柔不断な人。
自発的スタイル	即断即決で、結果にも満足しがちだが、実際の選択のよし悪しは運任せといった傾向も。	結果に満足いかなければすぐに次へと向かう。ある意味選択が得意といえるが、失敗も多い。

自分のタイプを診断してみましょう

あなたはマキシマイザー、サティスファイザーのどちらだと思いますか？　心理学者バリー・シュワルツの作った「マキシマイゼーション・スケール」で、マキシマイザー度を測っていきましょう。６つの質問をしますので、以下の基準で採点してください。

問1　Youtubeを見ていてそこそこおもしろいと思っているのに、もっとおもしろい動画がないか検索してしまう。

問2　今の仕事に満足していようがいまいが、常にいい職場を探すのは当然だと思う。

問3　友達や恋人にあげるプレゼントに悩むことが多い。

問4　DVDをレンタルする際、自分にとって最高の1本を選ぼうと思い、選ぶのに苦労する。

問5　何をするときでも自分に対して最高の基準を定めている。

〈採点基準〉

「まったく当てはまらない」	1点
「当てはまらない」	2点
「やや当てはまらない」	3点
「どちらともいえない」	4点
「まあまあ当てはまる」	5点
「当てはまる」	6点
「とても当てはまる」	7点

問6 買い物や食事のメニュー、恋人選び、仕事選びなど、2番目にいいもので妥協したことは一度もない。

6つの質問それぞれに答え、採点したら、すべてを足して合計したあと、6で割って平均点を出しましょう。小数点以下2桁まで出してください。

あなたは何点でしたか？　その点数によって、次のように分類することができます。

5・5ポイント以上

約10％しかいない高レベルのマキシマイザー。物と情報が多く、選択肢にあふれる現代では強いストレスを受け続けています。自分の選択の結果に対する寛容さを身につけないと、そのまま苦しみ続けることになります。

4・75ポイント〜5・4ポイント

典型的なマキシマイザー。さらによい選択肢を求めるあまり、ストレスを感じてしまいがちです。サティスファイザーの感覚を覚え、ほどほどで足ることを知れば、もう少し楽に生きられるようになります。

3・25〜4・74ポイント

マキシマイザー的な傾向を持ったサティスファイザー。選択の種類や結果により起きた感情の変化で、満足度が変わってきます。もっとも一般的なタイプですが、自分の中のマキシマイザー的な部分を自覚して、強い執着やこだわりはなるべく抑制しましょう。

2・6〜3・24ポイント

典型的なサティスファイザー。選択の結果に対して思い悩むことは少ないでしょう。結果の受け止め方に関しては今のままをキープしながら、選択時の合理性を高めていけば、後悔しない選択をしやすい人になっていくことができます。

マキシマイゼーション・スケールの調査結果

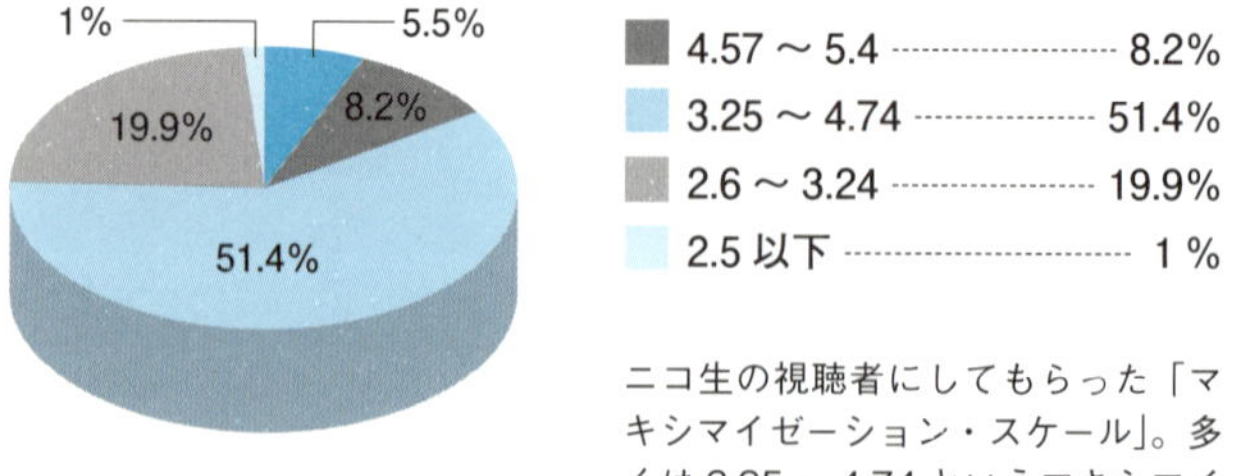

※出典：メンタリスト DaiGo のニコニコチャンネルより引用

ニコ生の視聴者にしてもらった「マキシマイゼーション・スケール」。多くは 3.25 〜 4.74 というマキシマイザー的な傾向を持ったサティスファイザーであった。

2.5ポイント以下

高レベルのサティスファイザーです。自分の選択に満足できるので、ストレスのない人生を送ることができます。とはいえ、2.5ポイント以下の人が全人口に占める割合は1%程度と言われています。

これは1つのモノサシであり、あなたがマキシマイザーであるか、サティスファイザーであるかが、後悔しない選択ができるかどうかを決定するものではありません。しかし、サティスファイザーのほうが、より後悔しない可能性が高いことは確かです。

テストの結果、もしあなたがマキシマイザーだったとしても、まだあきらめないでください。**本書でこれから解説するトレーニングを積んでいけば、徐々にストレスを抑制していくことは可能です。**

また、じつはマキシマイザーには「よいマキシマイザー」と「悪いマキシマイザー」の2種類のタイプが存在するのです。

タイプの把握⑤

マキシマイザーには2種類のタイプがいる

ストレスを溜め込む傾向があるマキシマイザー。カナダのウォータールー大学が行った研究によると、マキシマイザーには2つのサブカテゴリーがあり、人生の幸福度が大きく異なることがわかりました。

促進系マキシマイザー

多くの選択肢を徹底的に調べ上げるものの、それぞれのメリットとデメリットをくらべて、ポジティブな面を見出そうとする傾向がある。

評価系マキシマイザー

「客観的に最高の選択肢があるはずだ！」という前提に縛られ、ありとあらゆる可能性を検討しようとする傾向が強い。

例えば、サティスファイザーであれば、ネット系の通販サイトでデジタル一眼レフカメラを買おうとした場合、おすすめや高評価の機種の上位をざっと見て「これでいいかな？」と決め、結果、自分が求めていた水準の撮影が可能であれば満足します。

一方で、促進系マキシマイザーは、おすすめや高評価のリストはもちろん、自分なりの基準で多くの機種のデータを見比べ、メリットとデメリットを比較しながら購入します。「でも、別の機種がよかったかな」と思いつつも、「いや、この機種はこんな機能があって便利だぞ」と納得するのです。

ところが、評価系マキシマイザーは、「必ず最高のカメラがあるはずだ！」と、通販サイトに掲載されているすべてのデジタル一眼レフカメラを逐一チェックし、購入を決めるまでに膨大な時間をかけたにも関わらず、新機種の登場を聞くと「ああ、待っていればよかった」「あっちの方がいいに決まっている」と、自分の選択の結果に満足できないのです。

すべてのオプションを徹底的に調べ上げるのは、悪いことではありません。しかし、「どこかに最高の選択、最高の結果があるはずだ」と存在しない選択肢まで探そうとする評価系マキシマイザーは、リストアップした選択肢を何度もくり返して調べる過程で、すべての情報を抱え込み、手放せなくなっていきます。すると、本来は手放すべき選択肢についてもいつまでも考え続けることになり、決断が遅れ、最終的に選んだものにも満足できなくなるのです。

こうして**評価系マキシマイザーは悩み続け、「あっちがいいかも」「こっちがいいかも」と反芻思考に陥り、ストレスを高めていくのです。**ちなみに、同じことを何度も考えてしまう反芻思考は、うつ病のリスクを高めることがわかっています。

同じマキシマイザーでも異なる選択の満足度

マキシマイザーに共通の思考

デメリット

箱根
山道が疲れる

伊豆
クルマがないと不便

メリット

箱根
紅葉がキレイ

伊豆
魚介類が美味しい

２つのマキシマイザーは、どちらも選択肢を比較検討して徹底的に調べ上げるということまでは同じ。

満足度 大

促進系マキシマイザー

比較検討するが、最終的に選んだ選択肢に満足するというポジティブな傾向がある。

満足度 小

評価系マキシマイザー

「最高の選択肢があるはずだ」と徹底的に調べた挙句、最終的に満足できない。

同じマキシマイザーでも促進系マキシマイザーは、情報を徹底的に比較するところまでは同じですが、取捨選択することができます。また、結果にも満足しようとする傾向があるので、ストレスを溜め込む確率が下がります。

もし、あなたがマキシマイザーで、なおかつ自分が評価系マキシマイザーに近いと感じているなら、サティスファイザーないしは促進系マキシマイザーの感覚を学んでいきましょう。

「自分はマキシマイザーだから選択肢について細かくチェックするのは仕方がない。そのかわり、一旦、決めた選択の結果がどうなろうとそこに『ポジティブな要素』を見出すようにしよう」と。

そう心がけることで、選択後の後悔を減らし、次のよりよい選択の見極めにつなげることができるようになります。

! 合理的に選択し、その結果に満足する

本章では、大きく分けて2つの選択にまつわる知識を解説してきました。「選択のタイプ」と「選択の受け止め方」についてです。

後悔しない選択をするためには、選択のタイプの場合は合理的スタイルが優位に働きます。その理由は、感情に流されることが少なく、必要な分析や反証などを行ったあと、選択することができるからです。

また、選択の受け止め方の場合は、サティスファイザーが後悔しない選択をするのに適しています。なぜなら、サティスファイザーは選択に対して満足する度合いが高いためストレスが少なく、結果もポジティブに受け入れることができるためです。

つまり、**「合理的に選択して、その結果に満足する」ということが、後悔しない選択をするための根幹となるのです。**

以上を踏まえた上で、いよいよ次章からは「選択する力」を上げるためのテクニックやトレーニングなど、実践的なメソッドを取り上げていきます。

Let's try

やってみよう

01

合理的な意思決定をするためのトレーニング

効果

継続力アップ ★★★★

客観力アップ ★★★★

1日の終わりに行うトレーニングです。

STEP 1 **ペンとノートを用意し、今日あなたが行った選択について振り返る**

いくつもの選択が思い浮かぶと思います。その中から、最も印象に残っている選択について、書き出しましょう。

例 先週からやろうと決めた「毎朝、健康のためにひと駅歩く」という選択を今日は実行できた。

STEP 2 **自分の選択について満足度を10点満点で評価する**

満足度を評価することで、続けるべきかどうか、自分の選択を振り返ります。

例　毎朝、健康のためにひと駅歩くという選択を実行できたので満足度は8点。

STEP 3　なぜ、その点数になったのか、理由を書く

点数の理由を書くことで反省点もわかります。

例　ゆったり歩いていたら会社に遅刻しそうになり焦ったからマイナス2点。明日はもう少し早く家を出る。

STEP 4　視点を変えて、あなたが行った選択を長期的に見た場合のメリットを評価

長期的に考えることで目標への道筋が明確になります。

例　ひと駅歩くことを習慣化すれば1日ごとの歩数が伸び、健康面での改善が期待できる。健康維持ばかりでなく、体力増強にもつながりメリットは大きい。

まとめ

このように視点を変えて、その日の選択を1つ1つ評価していくことで、自分の意思決定スタイルを合理的スタイルに近づけていくことができる上、自分の選択や行動を客観視する訓練にもなります。

第2章

「後悔しない選択」をするための準備

この章のキーワードは
「客観性」です。
あなたは、
自分が常に冷静に
物事を判断できていると
思っていませんか？
まずは、その思い込みを
疑ってみることが、
「後悔しない選択」をする
準備となるのです。

introduction

その選択、本当に自分で考えて決めた？

私たちが日々行っている選択は、本当に「自分で決めている」のでしょうか？　多くの人が「後悔する選択」をしてしまうのは、じつは、自分で決めていない場合が多いからなのです。

「自分で決めたはずなのに、自分で決めていない」

こう書くとまるでとんちのようですが、じつは**自分で決めたと思っている選択は、時間に迫られて焦ったり、衝動に駆られたりして選んだだけというケースがほとんど**です。

例えば、あなたの友人が転職するかどうかの選択で悩んでいるとしましょう。

客観的に見ると、友人の前には次のような選択肢があるように思えます。

1 今の会社で様子を見る
2 同じ業界の会社に転職する
3 異業種の会社に挑戦する
4 フリーランスになる
5 独立起業する
6 海外でワーキングホリデーにチャレンジしてみる
7 まず辞めてしまう

しかし、本人は「上司との折り合いが悪い」「同業他社からヘッドハントされた」など選択肢を精査する前に、まず「辞めるか／辞めないか」の二択で悩みます。「上司とケンカしたから辞表を出した」「上司が異動になりそうだから、様子を見ることにした」「ヘッドハント先から◯月までに決めてくれてと言われて、決めた」など外的要因によって、「辞めるか／辞めないか」の二択に目が行ってしまうのです。

もちろん、専門性を武器にフリーランスになる人、資金を貯めて独立起業する人、海外に飛び出す人、辞めることと残ることのメリット・デメリットを計算して会社員であることを選ぶ人など、しっかりと手順を踏んで選択する人もたくさんいます。

それでも大多数の人は、きちんと可能性を考えないままに選択肢を並べ、外的な要因に迫られた結果、「こっちにしよう」と焦って決めていく傾向があります。これは転職に限らず、すべての選択に言えることです。

何かを選択するとき、「後悔するのではないか」と漠然とした不安を感じるのは、多くの人が無意識のうちに焦りや衝動に影響された意思決定を繰り返しているからです。

逆に言えば、「自分でしっかりと考えて決めた！」と思えれば、後悔する回数は激減します。

2章では、焦りや衝動に惑わされずに「後悔しない選択」をするための6つの準備を紹介していきます。

この6つに共通するのは、あなたが選ぼうとしている選択について客観的に見てみるということです。

一時的な衝動に流されていないか？　じつは「これだ！」と思った選択肢は思い込みにすぎないのではないか？　時間、金銭的なコストから見て、もったいない選択をしようとしてはいないか？　未来の自分にとって本当に役立つ選択なのだろうか？

思考の過程で一度立ち止まって疑問を持ち、選択肢を見直すことが、「後悔しない選択」をするための足掛かりとなるのです。

準備①

人は衝動に抗えない生き物と心に刻む

人の心を読むのが得意なメンタリストでも、冷静な判断ができなくなる場合があります。それは、衝動や誘惑に直面したときです。「後悔しない選択」のためには、私たちの〝脳の弱さ〟を知っておくことが大切です。

1つ目の準備は、人間は衝動に抗えない弱い生き物だと心に刻むことです。

メンタリストとしてテレビに出演し、積極的にパフォーマンスを行っていた頃、「人の心を読めるなら、恋愛も簡単でしょう?」と聞かれることがありました。また、過去につき合っていた女性に「誕生日、何が欲しい?」と聞いたら、ニコッと笑って「わかっているくせに」と返されたこともあります。

結論から言うと、**いかに優れたメンタリストでも、数多の論文に通じた心理学者でも、恋愛の達人にはなれません。**

なぜなら、恋愛に関しては、科学的に正しい選択肢を選ぶことは不可能だからです。好きになった人を目の前にしたとき、人の脳はパニック状態に陥ります。同時に20か所以上の部位がランダムに活性化され、コカインやヘロインといった麻薬を摂取したときと同じような反応を示すのです。

そうなったときの意思決定力、判断能力は著しく低下します。つまり、好きな人の前では合理的な選択ができなくなるというのが、科学的に導き出された結論です。

既婚者や他に本命のいる浮気性の人がモテるのは、異性の前でクールに振る舞えるから。判断能力が保てるため、モテるための選択肢を選んでいくことができるのですね。恋愛を例にお伝えしたかったのは、私たちの〝脳の弱さ〟です。日頃、どれだけ合理的で、判断力があっても、恋愛や生存に関わる衝動的な欲求や強い感情による選択を抑えることはできません。

人間が衝動や誘惑に抗って、冷静かつ合理的な判断ができる確率は50%だと言われています。ダイエット中に評判のスイーツを目の前に出された場合、2回に1回は食べてしまう。禁煙中、一緒にいる友達がタバコを吸いながら「1本、いる？」と聞かれたら、2回に1回はもらいタバコをしてしまう。

もうやめようと決意していても、予期せぬタイミングでやってきた魅力的な選択肢を完全に切り捨てるのは、とても難しいことなのです。

とはいえ、もうやめようと決めていた場合、衝動や誘惑に負けた選択をしたあとには、後悔がやってきます。そうなる確率を下げるには「私たちは衝動や誘惑に負けてしまう」ということを受け入れ、あらかじめ対策を打つことが必要です。

例えば、あなたが「仕事で必要な資格を取得する」と決めていたとしましょう。資格試験の日まで勉強のスケジュールも立てましたが、目標までの道のりに誘惑や衝動はつきものであり、何度も訪れます。そこで衝動や誘惑を受け入れ、回避するための別の選択をあらかじめ練っておくのです。

▼資格試験対策の講座・スクールに通う
受け入れる衝動……仕事が忙しくなって、疲れて寝てしまう
回避する選択……出社前の時間にオンラインで授業が受けられるよう手配しておく

▼合格までは、夕食後、毎日試験勉強をする
受け入れる衝動……勉強を中断してテレビを見てしまう
回避する選択……テレビ番組を録画して試験後に見る

このように起こり得る障害を想定し、その対処法を立てておく方法は心理学で「プリコミットメント」と呼ばれています。

後悔しない選択をするためには、自分が負けてしまいそうな衝動や誘惑を予測し、シチュエーションごとに対応できるよう自分の中でルールを決めておきましょう。

準備②

知識や経験よりもアンケートの母数を重視

タイプによって差はありますが、普段、私たちは直感で物事を判断しがちです。しかし、重要な選択を行うときに直感に頼り過ぎてしまうと、客観的な視点が失われてしまい、「後悔する選択」をする可能性が高まります。

2つ目の準備は、客観的な視点を持つために「母数を意識する」ことです。

私たちの脳には「以前、うまくいったから」「多くの人がこの方法で成功したから」など、過去の経験則からすばやく意思決定を行う仕組みが備わっています。

心理学の世界では「ヒューリスティックス」と呼ばれるもので、いわゆる「ざっくりと物事を掴む」あるいは「直感的に物事を理解する」ということです。

私たちは常に、自分の頭の中に残っている情報や経験などをもとに、大まかな状況判断を行っているのです。

しかし、ヒューリスティックスで物事の判断スピードが上がる一方で、意思決定に至るまでの**思考や分析を単純化し過ぎてしまい、その場その場で必要なはずの合理的な判断ができなくなってしまいます。**このヒューリスティックスの弊害を避けるため、「母数を意識すること」が有効なのです。

先に述べたように、私は書籍を出すとき、タイトル候補をTwitterやニコニコ生放送で公開し、どれがいいかアンケートを取ることがあります。これはまさに母数を増やし、ヒューリスティックスの弊害を避けるためにやっていることです。

多くの出版社や編集者は、経験則で「いい（と思われる）タイトル」「過去の売れている本に似たタイトル」「売れそうな予感のするタイトル」をタイトル案として提示してきます。

そんなとき、私はこんな疑問をぶつけるようにしています。

「このタイトル案を〝いい〟と言った人の数は？」と。

すると、「編集部で好評でした」「営業部との会議でも賛成意見が複数ありました」といった答えが返ってきます。母数は数人、多くてもせいぜい十数人。それでも彼らは、その道の専門家の意見だから根拠になると考えるようです。

そこで、あなたに質問です。

数千人規模のアンケート結果と編集者の言う「いいタイトル」のどちらを選べば、著者にとって「後悔しない選択」になるでしょうか？

答えは後者です。

もちろん、出版社も編集者もより多くの読者の興味を引き、たくさんの人の手に本が届くタイトルにしたいと考え、真剣に仕事をしています。しかし、選択肢の母数についてては重視していない傾向があります。

慣れ親しんだ仕事だからこそ、これまでの経験や知識に基づいた直感に引っ張られてしまい、より有効な方法を見逃しているのです。

個人で何千人という人にアンケートを取るのは難しいかもしれません。しかし、インターネットのおかげで、これからあなたがしようとしている選択について、過去に同じような場面に向き合った人の声を集めるのは簡単になりました。

仮に仕事での選択に悩んでいるなら、行きつけのお店のオーナーやそこで出会ったお客さん、趣味でつながるコミュニティの人たちなど、同僚や上司とは違う視点で物事を見ている人に相談してみるのもいいでしょう。

「過去にも同じ事例がなかったか？」

「これからする選択はどのくらいのサンプルを考慮しているか？」

そんなことを意識し、**母数を広げる努力をすることで選択の質が向上していきます。**

準備③

自分の時間感覚を過信しない

冷静に判断を下すためには、時間的余裕を持つことが大切です。しかし、それを実現するスケジュールを立てるのは難しいもの。自分を客観視すれば、焦ることのないスケジューリングが可能になります。

私たち人間に元々備わっている時間感覚は非常にいい加減なものだということがわかっています。**人は何かに取り組むとき、かかる時間や労力を少なめに見積もるという選択をしてしまう傾向がある**のです。

例えば、あなたの身の回りに仕事の遅い人、または家事が苦手な人がいたとしましょう。彼の仕事ぶりや家事の進め方を見ると、「これは予定通りには終わらないな」と誰もが思うレベルです。

ところが、当の本人は予定通り終わらせるべく真剣に手を動かし、作業に取り組んでいます。それなのに、「なぜ、自分はいつも予定の時間をオーバーしてしまうのか」と悩んでいるのです。

これは「計画錯誤」と呼ばれます。名づけ親は認知心理学者のダニエル・カーネマン博士。のちにノーベル経済学賞を受賞する彼は、学位論文を書いている大学4年生を対象にしたこんな実験を行っています。

カーネマン博士は学生たちに、「学位論文はいつごろ書き終わるか?」と聞き、最短のケースと最長のケースを予測させました。

そのとき学生たちが予想した最短日数の平均は27日、最長日数は49日でした。ところが、実際に論文が書き終わるまでにかかった日数は平均56日だったのです。最短のケースの日数で書き終えた学生はほんの一握りで、最長のケースと予想した日数で書き上げた学生は、半分もいませんでした。

そして、実験を行ったカーネマン博士自身も計画錯誤に陥った経験があることを告白しています。

博士はあるとき、教科書を執筆することになりました。原稿の執筆は順調に進み、1年ほどで2章分が完成しました。このとき、博士は執筆チームのメンバー全員に「この教科書が完成するまでにあと何年かかるか?」という予想を聞いたのです。カーネマン博士本人も含む執筆メンバーは、2年を中心に最短で1年半、最長で2年半と答えましたが、教科書が完成したのはなんと8年後でした。

ノーベル経済学賞受賞する力を持った学者も「自分はできるはず」と誤解し、間違った選択をしていたわけです。しかし、博士はこうした計画錯誤から脱するための方法も明らかにしています。

1つは、**あなたがどのくらいの時間でその作業を終えることができるか、あなたをよく知る人に予測してもらうという方法です。**

もう1つは、**あなたではない別の人が同じ作業をした場合、どのくらいで終えられるかを予測するという方法。**どちらもポイントとなるのは、**「客観的な視点」**です。

常にこうした方法を用いて客観性を保つことによって、楽観的過ぎる選択を避けられるようになります。

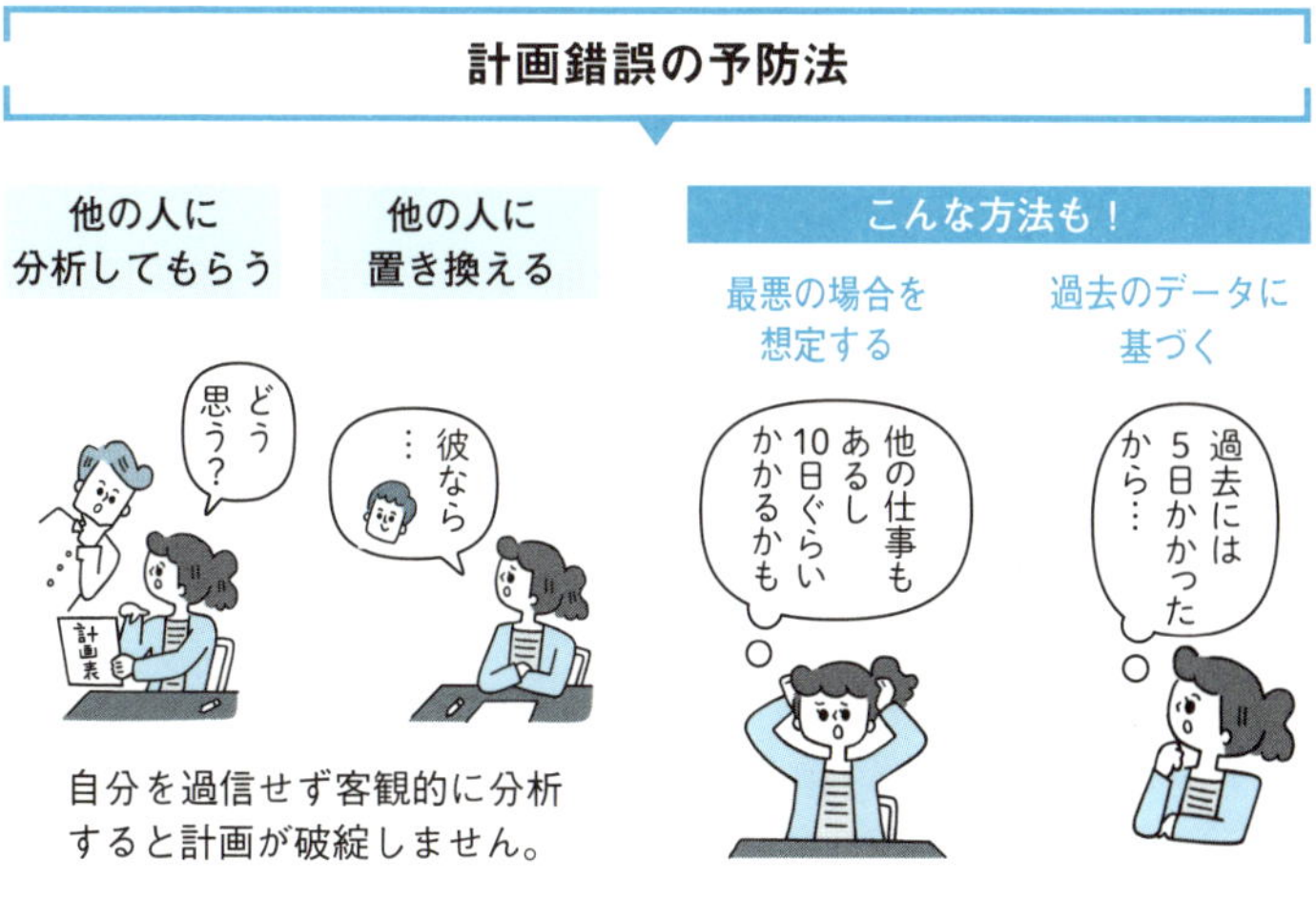

計画錯誤の予防法
他の人に分析してもらう
他の人に置き換える
こんな方法も！
最悪の場合を想定する
過去のデータに基づく

自分を過信せず客観的に分析すると計画が破綻しません。

準備④

第三者の目を意識する

周囲の人を意識したり、意見を聞くことで「後悔しない選択」ができる確率は上がります。周囲の人との関係を意識することが、あなたの間違った思い込みを防いでくれるのです。

4つ目の準備は、「誰かに見られていると想像すること」です。

外出先でトイレを済ませたあと、手を洗い、何気なく髪型を整え、姿見に写った自分の服装におかしなところがないかチェックした経験が、あなたにもあるはずです。

誰に見られると決まっているわけではないのに、人の目を気にする感覚。これは太古の時代から群れを作って生活してきた人間に備わっている本能です。

そして、最新の研究から、私たちの脳は「誰かに見られている」と想像するだけで、理解や判断を司る認知機能が向上することがわかりました。

つまり、何かを選択するとき、**「この選択を誰かが評価するとしたら？」と想像するだけで合理的な判断を下す確率が上がる**のです。

例えば、何か道徳的に間違った選択をしてしまいそうなときに「自分の母親が、恋人が、祖父母が見ていたら、どうするだろうか？」と想像すると、衝動的な行動にブレーキをかけることができます。

さらに、「他人にチェックされていると想像すること」をもう一歩進め、直接、**信頼できる人の目に触れる環境を用意する**という方法もあります。

例えば、英会話をマスターしたいという目標がある場合、「スクールに通ってともに学ぶ仲間を作る」「SNSで勉強の進捗具合を友人たちに随時公開する」としましょう。そうすることによって、英会話の勉強を妨げる選択をしそうになったとき、仲間や周囲の人から「やっぱりサボってるんだ」「途中で挫折したんだ」などと思われたくないという意識が働き、勉強を続けられる確率が高くなるのです。

第三者としてアドバイスすると、後悔しない選択になる

こうした第三者の声を生かすやり方は「サードパーソンチョイス」と呼ばれ、エルサレム大学の研究によって効果が証明されています。

研究者たちは、被験者を2つのグループに分け、

「クルマを買うかどうか？」

「この仕事に就くかどうか？」

「長年つき合った人にプロポーズするかどうか？」

など、さまざまな選択の場面を提示し、決断を下してもらいました。

その際、1つ目のグループには自分のこととして決断してもらい、2つ目のグループには「信頼できる友人が選択を迫られているとして、どうアドバイスするか」という意識で選択してもらったのです。

すると、1つ目のグループの被験者は「クルマは買うべき」「仕事には就くべき」「プロポーズするべき」など極めて独断的な選択が多かった一方で、2つ目のグループの被験者たちは「クルマは子どもができてからでよい」「今は買い手市場だから就職は焦らなくてもよい」「プロポーズは貯金ができてからでしょう」など、多くの選択肢から合理的な判断に基づいて後悔しない選択をしました。

この実験結果から見ても、**「サードパーソンチョイス」は、第三者の意見を取り入れることで賢明な判断を下す方法**だと言えます。

もちろん、たった一人の第三者の意見よりは、さらに多くの人の意見を聞けたほうがより有効でしょう。しかし、一人で考えるよりは、第三者との関係性の中で考えたほうが冷静になれる上、選択肢も増えるのです。

とはいえ、第三者の意見を素直に受け入れることができないケースもあるかもしれません。そんなときの対処法については、ペンシルベニア大学で行われたこんな研究が役立ちます。

研究者たちは参加者を2つのグループに分け、医師から健康に関するアドバイスを受けてもらいました。

1つ目のグループは医師からのアドバイスを聞く前に、自分にとって大事なもの（家族、仕事、宗教、恋人、ペットなど）について考えてもらい、もう1つのグループには何も考えず医師に会ってもらいます。

その後、2つのグループの脳を調べると、大事なものについて考えたグループは医師の話を聞く間、前頭葉の内側面が活性化しました。実験した1か月後も医師のアドバイスを守り続けていたことがわかったのです。

脳の前頭葉の内側面は「自分に関する情報」を処理するエリアです。ここが活性化したのは医師のアドバイスを真摯に受け止めた証拠。つまり、**自分にとって大事なものについて考えると脳の「自分に関する情報」を処理する機能が活性化する**のです。その状態で他人のアドバイスを聞いたため、我が事としてより深く内容を理解しようとするようになったと考えられます。

まずは**第三者の目を意識する**こと。そして**第三者のアドバイスを聞く、もしくは第三者の立場で考えてみる**こと。

これらに留意し、人との関わりの中で自分が置かれた状況を考えることが、あなたが後悔しない選択をするための一歩となります。

準備⑤

未来の自分を想像してみる

もし目の前の選択に迷ってしまったら、未来の自分を想像してみましょう。そして、あるべき自分の姿がイメージできたら、その状態に近づくためにどのような選択をすべきかを考えればよいのです。

5つ目の準備は、「未来の自分を想像するクセをつけること」です。

何かを選択するとき、**「この選択は未来の自分にどんな影響を与えるだろう？」と考えてみましょう。**

これは自分の頭の中にある感情や衝動と選択を切り離すテクニックです。

なぜ、未来を想像することに効果があるのでしょうか。それを証明した研究を紹介したいと思います。

以下はボストン大学が3歳から5歳の子どもたちを集めて行った実験です。研究者たちは子どもたちを次の4つのグループに分けました。

1 近い過去の自分について考えてみる（その日の午前中に何をやったか？）
2 近い未来の自分について考えてみる（明日の午前中は何をしてそうか？）
3 遠い未来の自分について考えてみる（大人になった自分はどんな仕事をしているか？）
4 今の自分について考えてみる（いまの自分はどんな感情を持っているか？）

そして、それぞれのグループが5分間、自分の過去や未来について想像を巡らせたあと、次のようなテストを行って子どもたちの「選択する力」にどのような影響が出るかをチェックしました。

展望記憶テスト……「30分後にこの箱を開けてね」と指示をして、ちゃんと覚えていられるかどうかをチェック

メンタルタイムトラベルテスト……「来週に森か雪山に旅行するとして、何を持っていくべきか？」を答えてもらう

双極割引テスト……「今、クッキーを食べるのを我慢したら、明日には2枚あげるよ」と伝え、我慢できるかどうかチェックする

いずれのテストも「状況に応じた合理的な選択ができるか？」を調べるものです。

その結果、②の**「近い未来」について考えた子どもは記憶力が増し、合理的なアイテムを選択する力が向上することがわかりました。**

その選択の、10分後、10か月後、10年後はどうなっている？

なぜ、こうした効果が得られるのでしょうか？　研究者たちは**近い未来をイメージすることで、自分のあるべき姿がクリアになる**と指摘しています。

例えば、「今、クッキーを食べるのを我慢したら、明日には2枚もらえる」という状況であれば、明日の朝の自分を想像することで、「2枚のクッキーを手にした自分」にリアリティが生まれます。すると、今のクッキーを我慢して、明日2枚もらう方が得だという合理的な選択ができるようになるわけです。

このような**未来を想像することで合理的な選択に導く方法を「10―10―10」（テン・テン・テン）というテクニックとして提案**したのが、アメリカのジャーナリスト、スージー・ウェルチです。

世界屈指の大企業であるGE社（ゼネラル・エレクトリック社）の元CEOジャック・ウェルチ。そのパートナーでもあるスージーは著書の中で、恋人との結婚に悩む人、大事な商談の日に親が病気になった人など、重要な局面を実際にこのテクニックを使って乗り越えた人たちを紹介しています。

その主張はシンプルです。

「重要な選択をしなければならないときは、この選択をしたら10分後に自分はどう変わるのか。この決断をしたら10か月後に後悔しないかどうか。この道に進んだら10年後に自分は幸せになっているかを考えなさい」というものです。

私たちは、人生を左右するような重要な選択をするときも、衝動や欲求、目先の利益などに影響を受けてしまいます。だからこそ、**短期、中期、長期の3つの未来の視点から選択肢を見極めましょう。**時間軸をずらし、未来の自分を想像することで合理的な選択ができるようになります。

夜中の食欲には10-10-10が有効

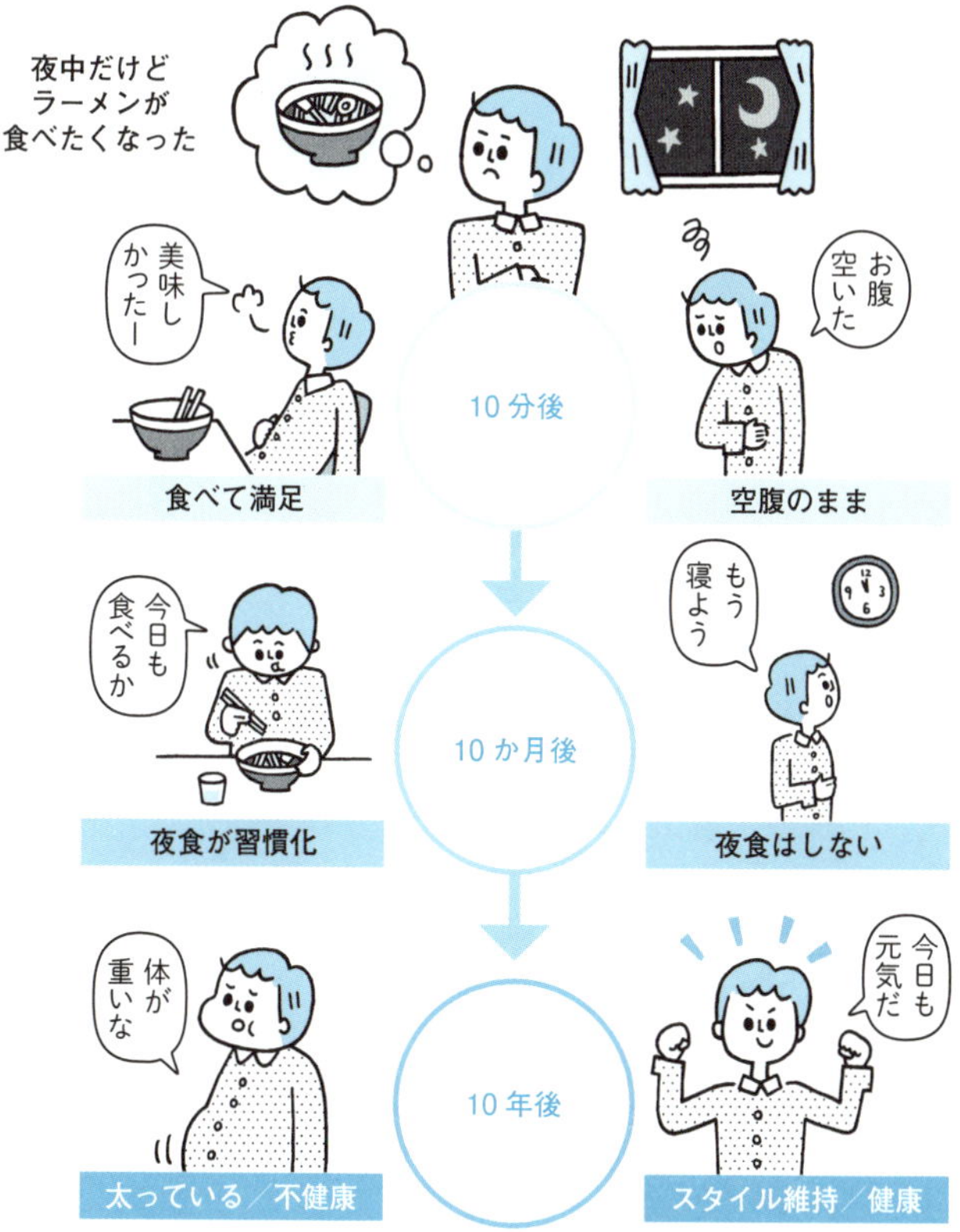

衝動に負けず合理的な判断が可能に

「10分後はどうなるか？」「10か月後はどうなるか？」「10年後はどうなるか？」と、短期、中期、長期で考えることで、いまラーメンを食べるのが合理的かどうか、冷静に判断できます。

準備⑥

プランやコストを明確化する

漠然とした思考をしていると、選択が非合理になってしまい、後悔することになります。それを避けるためには、すべきこと、あるいはすべきかどうかを明確にイメージすることが大切です。

6つ目の準備は、プランやコストを具体的にイメージしておくことです。

例えば、あなたが「健康のために運動習慣を身につけたい」「知識を増やすための読書の時間を習慣化したい」など、何か新しい生活習慣を身につけたいと計画しているとします。おそらく年始に目標を立てても、春頃には挫折してしまうでしょう。新しい習慣というのはなかなか身につかないものです。

なぜなら、新しい習慣を身につけたいと思っても、それが「体を動かす」「本を読む」といった**漠然としたプランのままでは、脳は新しい習慣を実現する選択をし続けることができない**からです。「体を動かすといっても、何から始めればいいんだっけ?」となるようでは、迷っている間に「とりあえずのんびりしよっか」と楽な選択肢へと流されてしまいます。

そこで、おすすめしたいのが**明確なプランを書き出すこと。**

例えば、私は朝起きてすぐにSIT（30秒全力で動き、3分休むというトレーニング方法）という負荷の高い運動を実行しています。合わせて数種類のサプリメントを摂り、水2リットルとカフェイン摂取のためのコーヒー1杯を飲みます。

私はこれらを毎朝8時から8時30分の間に行うことを習慣にしていますが、欠かさず実行するため、毎朝必ず確認するGoogleスケジュールに手順とサプリメントの種類と量を書き込み、参照しています。

明確なプランとして起きた直後から行うべきことが書かれているので、目にしたら毎日、確実にやるしかありません。そして、その繰り返しによって朝の運動を習慣化しました。

読書習慣も同じです。

例えば、「朝、本を1冊読む」と決めたら、取るべき選択を順番に、具体的に書き出していきます。

1 朝、起きたあとの運動が終わったら、真っ直ぐステッパー（下半身の筋肉を鍛える運動器具）のところに行く

2 ステッパーを踏みながら本を開く

3 25分間ステッパーを踏み続け、本を読み続ける

と書くわけです。

ただ「朝、本を読む」というだけの書き込みでは足りません。「眠いから」「昨日は飲み過ぎたから」といった理由で、読書に至る選択肢はチョイスされず、二度寝してしまうこともあるでしょう。それでは、朝の読書習慣は根づく前に途切れてしまいます。

脳は明確なプランに従うようにできている

プランは細かく具体的にすればするほど明確になります。また、明確にすればするほど、脳はその選択を取りやすくなります。なぜなら、**明確でないプランは他の選択肢を選ぶ余地を与えてしまう**からです。何かを計画して、習慣化しようとしながらうまくいかないのはあなたが怠けているからではありません。明確さを欠いているため、脳が取るべき選択肢を絞り込めないだけなのです。

例えば、資格試験の勉強であれば、「毎日、最低30分は資格試験の勉強をする」ではなく、「家に帰ったら、机に真っ直ぐ行ってバッグを置き、服を着替えて、そのまま席に座り、教材を開く」「タイマーをつけて、30分間、勉強をする」「朝食を食べ終わったらすぐにパソコンの前に座る」「事前に契約しておいたオンラインの授業を30分受ける」といった具合です。

詰め込んだスケジュールを立てなさいということではなく、選択し、取り組むべきことの手順を明確に書き出してください。**ここまでやらなければいけないの？　と思うレベルを目指しましょう。**

私は立てた明確なプランをGoogleスケジュールに書き込み、スマホから見るようにしています。もちろん、メモ帳でも十分です。大切なのは合理的な選択が確実に行えるようになるまで、毎日書くこと。

例えば、次の日の朝にやるべきことを紙に書き出し、そのまま折りたたんでポケットにしまいましょう。そして、暇さえあれば取り出して眺めてください。

明確なプランを作れば、脳は自ずとあなたが求めている方向へ選択を重ねてくれるようになります。

時間をお金に置き換えて、無駄を省く意識を持つ

自分が取るべき行動を選択するには、コストベネフィットで判断する方法も有効です。**コストベネフィットとは、行動に費やす時間をお金に換算し、その選択が選ぶに足る価値があるかを比べる方法です。**

例えば、あなたが会社で1日8時間働いていて、通勤に往復1時間ずつ、2時間かかっているとしましょう。21日出勤したら、月に210時間を仕事に費やしていることになります。それで受け取る手取り額が30万円なら、1時間あたりの収入はおよそ1400円。つまり、あなたが1時間で生み出す金銭的な価値は1400円ぐらいです。

仮に1杯800円の人気店のラーメンを食べるため1時間並んだとしたら、ラーメン代とあなたの1時間分の金銭的価値を足し、2200円のコストを支払ったことになります。もちろん、美味しいラーメンを食べるという対価は得ていますが、並ばずに食べられる店を選び30分で食事を済ませ、残りの30分を勉強や体を休める時間に使ったほう

が、コスト的には優れた選択だと言えます。

もちろん、そのラーメンが1時間並んでも食べたいと思うもの、あるいはそれだけの満足を与えてくれるものであれば、1時間並ぶという選択は、決して間違いではないかもしれません。

しかし、「なんとなく美味しそうだから」「行列店だから美味しいはず」といった程度の興味で並んで、それほど満足感を得られなかった場合、あなたは並んだ時間だけでなく、その間、自己投資や仕事で得られたであろう金銭的価値も失ったと言えます。

どんな人にも1日の時間は24時間しかありません。ところが、時間は量として把握しにくいため、お金に換算するのが有効なのです。

時間をお金に換算することで、あなたにとっての1分、10分、1時間の価値が見えてきます。このモノサシを当てて、「この選択肢を本当に選ぶべき価値があるのか？」と自問すること。ここでも明確さは力となって、あなたの選択をよりよい方向へと導いてくれます。

コストベネフィットで選択肢を選ぶ

選択①

1 時間テレビを見る

特にやることがないので、テレビを見る。休養にはなるが、1000 円分の価値はあるのか？

例：時給 1000 円のフリーター

取るべき行動に迷ったときは、時間を含めたコスト（経費）とベネフィット（利益・メリット）を天秤にかけると、後悔しない選択のための目安となります。

選択②

1 時間資格の勉強をする

勉強して資格を取り給与の高い職に就けたら、メリットは大いにあり。

選択③

1 時間ジョギングする

運動することで寿命が延びれば、ジョギングの 1 時間は 1000 円以上の価値に。

あなたの何気ない 1 時間は、お金に換算できます。また、お金に換算する事で、選択が明確になるのです。

Let's try

やってみよう

02

客観的に自分を見るトレーニング

効果

継続力アップ	★★★
客観力アップ	★★★★★

あなたの行動を動画として記録することで、自分を客観視できるようになります。

STEP 1

何か行動を起こす前に、スマホやケータイのカメラ機能を立ち上げる

自撮りで動画撮影を始めます。

そして、「これから自分の部屋に入り、机に座り、資格試験の本を開く」などとあなたの選択と行動について実況中継を開始します。

STEP 2

タイマーをセットして行動を始める

実際に部屋に入り、机の前に座ったら「これから30分、資格試験の勉強をします」と宣言。タイマーをセットして勉強を始めます。

STEP 3 そのまま終了まで自撮りを続け、自分の行動を記録

その日やると決めた行動を続け、終了したら撮影を止めます。

STEP 4 次の日、勉強をする前に自撮りした動画を見直す

全部を見る必要はありません。冒頭の数分、あるいは終わりの数分などを見返すことで、これから自分のすべき選択が明確になります。

これは**ポジティブ心理学の研究で提唱されている「プロセスビジュアライゼーション」と呼ばれる手法。ポジティブな結果を明確に認識することで目標達成率を高める**とされています。

まとめ

自撮り動画によって自分を客観視することで、合理的な判断を下す確率が高まるだけでなく、第三者的な目線で自分の選択の合理性を見極めることもできるようになります。

第3章

「後悔しない選択」をするための習慣

習慣は人生を変えます。
新しい習慣を身につけるには
努力が必要ですが、
一度身につけば、
それはあなたの力になります。
習慣によって視野を広げ、
選択に集中できる
環境を整えることで、
自然と「後悔しない選択」が
できるようになるのです。

introduction

習慣は人生を変化させる原動力

ちょっとした習慣を身につけることで「後悔しない選択」ができるようになるとしたら、実践してみたいと思いませんか？　本章では、「選択する力」を高める習慣づけのメソッドを紹介します。

習慣は、よくも悪くも人生の方向性を大きく変えます。

喫煙習慣のある人は、ない人に比べてガンになる確率が高いことはよく知られています。そのため、医師から喫煙の危険性を指摘されることもあるでしょうし、家族が止めることもあるでしょう。

それでもタバコを吸うという選択を続けるのは、愚行権（愚かなことをする権利）の行使と考えれば間違ったことではありません。愛煙家は自らの選択で寿命を縮めているわけです。

逆に禁煙に成功した人は、タバコを吸わないという新たな習慣を身につけることで、これまでよりも健康的な生活を得られます。禁煙に至る心境の変化は人それぞれでしょうが、新たな習慣が人生をよい方向に導いたと言えるでしょう。

私の知人に、成功を収めた経営者がいます。この知人は、挫けそうになったとき「やらなければ」と思うのではなく、「続ければ大きな成果が必ず出る」「どんな選択でも、これからの行動次第で結果は変えられる」と自分に言い聞かせることを習慣にしていると言っていました。

タバコのような生活習慣、そして私の知人のような思考習慣など、無意識のうちに、あるいは意識的に身につけたさまざまな習慣は、あなたの選択に大きな影響を及ぼします。そして**後悔しない選択をするためにも、合理的な選択がしやすくなる習慣を身につけることが重要なのです。**

本章では、後悔しない選択をするために役立つ、以下の3つの行動習慣を紹介していきます。

1 複数のサンプルを用意する習慣
2 難しい選択は午前中に済ませる習慣
3 不安への対策をする習慣

もちろん、新しい習慣が定着するまでには一定の時間がかかります。

ここで**大切なのは、少しずつでもよいので習慣化の努力を続けること**です。すると、いずれ無意識のうちに根づいていき、自然と習慣が身についていきます。

なお、習慣を定着させるためには、以下の3つが大切です。

「いつ、どこで、何を、どのように行うかを具体的に計画する」
「1つの行動に的を絞る」
「習慣が自動化するまでは一定の時間がかかると心得る」

「二兎を追うものは一兎をも得ず」の言葉どおり、最初から欲張るのは禁物です。

これから紹介する3つの習慣についても、1つずつ的を絞って、根気よく続けていくことが大切です。

一度定着してしまえば効果は抜群。これら紹介する習慣が、自然とあなたを「後悔しない選択」へと導いてくれるでしょう。

習慣①

複数のサンプルを用意する

私たちの選択肢は、思い込み（バイアス）によって狭められています。思い込みをなるべく取り除き、複数のサンプル（判断材料）を用意する習慣をつけることで、より広い視野で選択ができるようになります。

複数のサンプル（判断材料）を用意する習慣は、思い込みによる弊害を取り去ってくれます。

なぜ「後悔しない選択」をするためには複数のサンプルが必要なのでしょうか？　その理由は、第一印象にまつわる例をイメージするとわかりやすいです。

例えば、こんなシーンを想像してみてください。

あなたは、大切な人の誕生日をお祝いしようとやや緊張しながら、背伸びして予約した高級旅館にやってきました。宿の入口では予約時間に合わせるように、女将が2人を出迎えてくれます。あなたは「さすが高級旅館は違う」と思いながら、チェックインを済ませ、部屋に案内される頃には「ちょっと宿代は高いけど、この宿を選んでよかった」という気持ちになっているはずです。

特に緊張しながら出向いた先で、こうした温かな出迎えを受けたとしたら、感じるうれしさや安心感はより大きなものになり、相手に対する好印象は強く心に刻まれます。

それは「初頭効果」と呼ばれる、心理学的な反応が起きているから。

私たちは、初めての相手と出会ったとき、無意識のうちに約7秒で第一印象を形成します。しかも、初対面の印象は半年間持続するとも言われています。

一流のサービスを提供する側は、経験則として、または心理学的なテクニックとして、この「初頭効果」を駆使しているのです。

プレゼンテーションのうまいビジネスマン、なぜか会議の雰囲気をリードしていく同僚、リピーターよりも新規客に強い営業担当者、見た目はほどほどなのになぜかモテる人——。彼らは初対面でのアプローチに力を入れることで、相手に好印象を与えているのです。

恐ろしいことに、「初頭効果」によって**「いい人」だという第一印象を持った側の脳内では、「確証バイアス」が働きます。「いい人」のいいところ、「親切な人」の親切なところ、「優秀な人」の優秀なところを探すようになってしまうのです。**

例えば、女将に出迎えられて高級旅館にチェックインした人は、その後、部屋に小さな不備があったり、料理が期待したほどの出来ではなかったりしても、「ここはいいところだ」という最初の印象から逃れることはできません。料理がそこそこだと感じても、「庭の苔はかなり手入れされているな」「アメニティはかなり高級そうだな」などと、いいところばかりに目がいってしまい、客観的な評価ができなくなってしまうのです。

こうなってしまうと後悔しない合理的な選択ができる可能性は、限りなく低くなってしまいます。

第一印象の悪い結婚詐欺師、初対面から愛想のよくない悪徳営業マンがいないように、第一印象がよいからといって、実際に相手がいい人とは言い切れません。だからこそ、**第一印象に惑わされず冷静な判断ができるようになるために、「いろんなサンプルを用意しておく」ことが重要なのです。**

ちなみに、私も「初頭効果」と「確証バイアス」に助けられている1人です。というのも、テレビなどで見て私のことを「鋭いことを言う人」「適切なアドバイスを与えてくれる人」と判断した人は、その後もメンタリストDaiGoのいいところを見出そうとしてくれるからです。

例えば、私には「時間にルーズ」という大きな欠点があります。ミーティングの集合時間に遅れた場合、大抵は「失礼な人」と思われますが、初頭効果と確証バイアスのおかげで、「普通の人とは違うから」と許容してもらうことができ、その後に挽回するような発言をすることで「やっぱり鋭い」という印象を強化することができるのです。

逆に、初頭効果で与えた第一印象が悪く、例えば「空気の読めない人だ」と評価されてしまうと、その人は相手からマイナス面ばかりをピックアップされるようになります。**プラスの評価とマイナスの評価のどちらにしろ、人は相手の第一印象にこだわり、「この人は○○だ」という人物評を固めてしまうのです。**

もちろん、これは人物だけでなく、選択肢を選ぶときも同様です。最初に「この選択肢は○○だ」と思い込むと、なかなかその判断を覆せません。

人間には知らず知らずのうちに「自分が選んだものが正当だ」と思い込み、色眼鏡をかけて物事を見る性質があるからです。

みんなと同じことがしたい心理

「初頭効果」と「確証バイアス」以外にも、複数のサンプルが必要な理由があります。それは世間の評判によるものです。ネット上の口コミ評価、職場や学校などのコミュニティでの**噂話などが、私たちの選択に大きな影響を及ぼすようになってきています。**

「みんながいいと言っているから、美味しいに違いない」

「あの人がすごいと言っていたから、すごい人に違いない」

「みんながひどいと言っているから、行かない方がいいはず」

選択を惑わせる“危険な”第一印象

印象は操作できる　しかし…　印象がいい≠いい選択

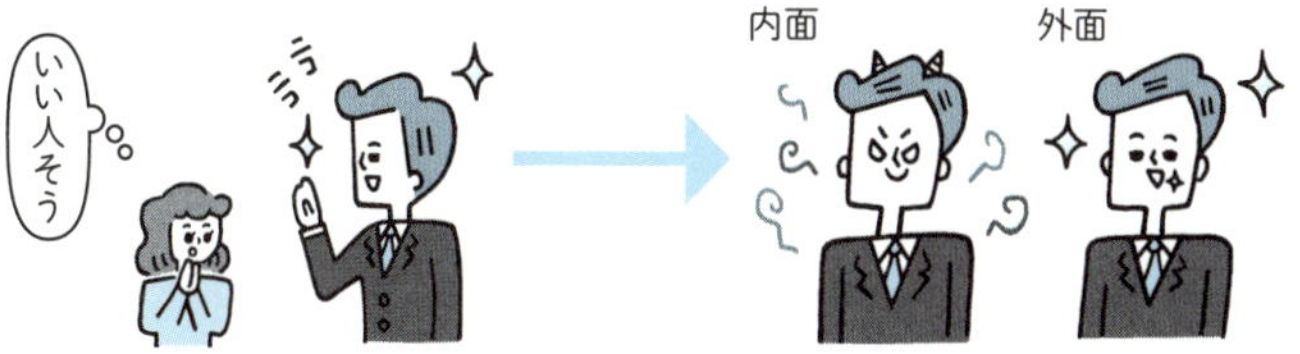

第一印象が強く心に焼きつく心理作用を「初頭効果」と言い、よくも悪くも人は最初の印象だけで判断や評価を下してしまう。

いい人そうに見えるが、中身は悪い人ということもある。特にビジネスでは、第一印象をよくしようとする人が多い。

あなたも、こんな風に考えて物事の選択をしたことがあるのではないでしょうか？

このような**「周りと同じことをしたい」という心理は「社会的証明」と呼ばれ、慣れない場所でより強く働きます。**

例えば、初めての海外旅行で飛行機から降りたあと、空港内をどちらへ向かえばいいのかわからないとき、あなたは周囲を見回すはずです。そして、案内板の情報よりも先に多くの旅客が向かう方向を見つけると、なんとなく安心しながらついていきます。

これは「多くの人がしている選択は正しい」と思えてしまう社会的証明による行動の一例です。


また、小売店などで人気商品のランキングが展示されているのは、店側が社会的証明を購買につなげようとしているから。

使ったことのない商品を買うときは、より他人の評価が気になるもの。「多くの人が買っているのであれば大丈夫だろう」と、冷静に分析することなく購入してしまいます。

その結果、「評判がいいから買ってみたけど、イマイチだった」という経験をしてしまうのです。

他人の評価や口コミは必ずしも信用できません。先に触れた「初頭効果」や「確証バイアス」によって生まれた印象の積み重ねでしかないからです。

商品を買う前にランキング表示に気づいた人は、自分が欲しいと思っていた商品がそこに入っていなければ、かすかに不安を感じます。逆にランクインしていれば、安心して購入するのです。

しかし、みんなが選んでいても、それがいい選択とは限らないことは、某大国の大統領選を見るまでもなく、世の中のさまざまな事例が証明しています。

人間の脳はこうしたバイアスの影響を非常に受けやすく、直感的に「これだ」と思い込んだ選択肢を選んでしまいがちです。**みんなと同じ選択をして、「あの選択は間違いだった」「後悔した」と感じる回数を減らすためには、複数のサンプルを用意する習慣を身につける必要があるのです。**

選択時は違う立場に立って考えてみる

それでは、複数のサンプルを用意するためには、具体的にはどのようにすればよいのでしょうか？

例えば、少しお腹周りのお肉がダボついてきたのが気になり、「ダイエットをしようかな？」と思い立ったとき、選択肢は無数にあります。食べる量を減らす、食事で糖質制限をする、運動をする、ジムに通う、ネットでダイエット方法を検索する、テレビで話題の○○ダイエット法を試す……。

ところが、**人は多くの選択肢を検討する前に、人にすすめられ、自分も「いいかな」と感じた方法をなんとなく選択してしまうのです。**

身近で最近ダイエットに成功した友人にキャベツダイエットをすすめられると、「これはスゴイ」と初頭効果が働いて「自分もキャベツダイエットを試してみよう」と思ってしまうのです。

しかし、1つの食材に偏ったタイプのダイエット法は一時的に体重が落ちたとしても、高確率でリバウンドすることがわかっています。こうした知識はダイエットに関する中立的な立場の研究書を1冊、2冊読めば得ることができます。

このようにいろんなサンプルを用意することを習慣づければ、衝動的に非合理な決断をしてしまうのを防ぐことができます。

本を読むのであれば、1冊だけでなく、その本とは反対の立場にある人の本、科学的根拠に基づいた本を読みましょう。体験談であれば特殊な方法で成功した人、失敗した人の両方から話を聞きましょう。セカンドオピニオン、サードオピニオンを取り入れ、どの説に説得力があるか見定めていくことが大切です。

特に科学的根拠のあるなしは、合理的な選択をする上で重要です。ダイエットに関して言えば、運動の継続とカロリーの制限が科学的に効果の証明された信頼のおける方法となります。

一方で、毎年のように流行する奇抜なダイエット法の大半は継続性が乏しいと言えます。目標としている体重などの数値が実現した段階で本人のモチベーションが落ち、リバウンドしてしまうことが多いのです。

選択のための複数のサンプルは、他人の意見や本・Webから得るばかりでなく、自分自身を他人に置き換えるという方法で得ることもできます。

選択を迫られたときに「他の人たちだったらどう考えるか」「上司だったらどう考えるか」「自分と真逆の立場の人だったらどう考えるか」「自分のことをライバル視している人ならどう考えるか」「自分のファンだとしたらどう考えるか」と立場を置き換えて考えてみるのです。

違った見方をすることで多様な意見があることに気がつきます。そうして**判断材料を増やす**ことを習慣化していきましょう。そうすることでバイアスによる思い込みに気がつきやすくなり、客観的かつ合理的な分析と判断ができるようになります。

多角的な考え方を身につける方法

①対立する意見を集める

自分の考えを疑ってみる

自分とは真逆の意見を見聞きすることで、自分の選択が本当に正しいのか立ち止まって考えることができる。

②自分自身を他人に置き換える

違った視線で考えてみる

他の人の立場になって考える。そうすると、自分では本来思い浮かばないような意見も想定できる。

③2冊ほど文献を読む

科学的な分析を参考にする

個人の主観ではなく科学に基づいた分析であれば、客観的な視点に立てる。根拠があるので思い込みから脱しやすい。

習慣②

難しい選択は午前中に行う

私たちは四六時中、さまざまな選択をしていますが、本項では「選択する時間帯」に注目します。午前中の選択を習慣化することで、あなたの〝選択疲れ〟を改善しましょう。

2つ目の「後悔しない選択」をするための習慣は、「難しい選択は午前中に行うこと」です。

コロンビア大学のシーナ・アイエンガー教授は、以下の興味深い実験を行いました。アイエンガー教授ら実験チームは、あるスーパーの試食コーナーに24種類のジャムを揃えた場合と、6種類のジャムを揃えた場合で、売上にどのような差が出るかを調べました。この調査の結果、ジャムの種類が豊富なときに、より多くの客が集まり試食したという結果が得られました。

この結果だけを見ると、選択肢の多い試食コーナーのほうが、多くの人を惹きつけていたことがわかります。ところが、試食後にジャムを購入したお客さんの割合を調べたところ、この数字が逆転したのです。

この「ジャムの法則」と呼ばれる実験の結果はさまざまなビジネスのマーケティングに影響を与え、今では**豊富な選択肢よりも絞り込んだ選択肢を提示したほうが売上につながる**と考えられるようになっています。

その理由は、**多過ぎる選択肢は人間から物事を判断する力を奪い、選択できない状態にさせる**からです。

私たちは、1日のうちに約70回もの人生を左右する選択を繰り返しています。その選択の中には、転職すべきかどうか、そろそろ結婚を決断するべきか、内定をとった会社に入社するのか、多くの人にとって即断しづらい選択も含まれています。

日々の生活の中で「やる／やらない」「決める／決めない」「Aか、Bか、Cか」といった選択をくり返すたび、私たちの判断する力は減少していき、物事に集中できない状態に陥っていくのです。

大抵の人が家を出る朝は意欲十分でも、昼休みを過ぎ、退社時間が気になる頃には疲れてしまいます。判断する力が鈍るのは当然のことなのです。

! 選択肢が多過ぎると、私たちは選択できなくなる

シーナ・アイエンガーはスタンフォード大学のジョナサン・レバブとの共同研究で、ドイツの新車販売店を舞台にして次のような実験も行っています。

被験者は、実際に自分のお金でセダンの新車を買う人たちです。彼らは新車購入に当たって、いろいろなオプションを選択する必要に迫られます。

オプション① 4種類あるギアのシフトノブのうち、どのタイプを選ぶか
オプション② 13種類あるハンドルから、どのデザインを選ぶか
オプション③ ボンネットの中のエンジンとギアボックスの組み合わせを25種類からどれにするか
オプション④ 車内の内装の色や素材の組み合わせを56種類からどれにするか

新車の購入者は最初、慎重にたくさんの選択肢を比較し、オプションを選んでいきます。しかし、選択を繰り返すうち、次第に初期設定のオプションをそのまま選ぶようになっていくのです。

特に序盤に56種類の内装から選び始めた被験者ほど疲労するのが早く、早い段階で初期設定のままの選択とするようになりました。逆に、4種類のレバーから選んでもらうと、頑張って選択し続ける被験者が増えました。

ちなみに、被験者の選択する力がどの程度残っているかによって選択肢を提示するタイミングを変え、狙い通りのオプションを選択させることもできました。

2つの実験で明らかになったように、選択肢が多くなり過ぎると、人は選択すること自体を先延ばしにします。ところが、**脳は選択を先延ばしにしていることを忘れません。「いつかは選択しなくちゃいけない」と思いながら別のことを考えるため脳は疲弊して、さらに判断する力を失ってしまうのです。**

当然、判断する力が弱まった状態での選択は後悔しやすいものになります。

そのため、〝選択疲れ〟が溜まっていない午前中に、難しい選択を行うべきなのです。余力が残っているため合理的な決断ができ、選択を先延ばしにして疲労することもなくなります。

選択し続けると、疲弊して考えることを放棄し始める

実際、午前中の選択の重要性を示す研究があります。

スタンフォード大学のジョナサン・レバブとベン・グリオン大学のシャイ・ダンジガーは、イスラエルの刑務所において下される仮釈放の決定について調査しました。仮釈放は、受刑者を自由にすべきか否かを決める重要な選択です。

彼らは1年の間に下された1100件以上の仮釈放決定の選択について分析しました。すると、ある特定のパターンが浮かび上がってきたのです。

まず、仮釈放が認められた件数は仮釈放の申請に対して約3分の1でした。そして、仮釈放が認められた受刑者の約70％が午前中の早い時間に審問官の審問を受けていたのです。一方、午後の遅い時間に審問を受けて仮釈放された受刑者は全体の10％にも届きませんでした。

2人の研究者によると、審問官である判事の振る舞いに悪意や異常はなかったと言います。審問の時刻による決定のばらつきは、重要な選択を繰り返す判事の〝選択疲れ〟と関係していたのです。

つまり、仮釈放の決定の結果には、受刑者の民族的背景や犯罪、判決の内容、刑務所での生活態度よりも、審問を受けた時間が強い影響を与えていたと言えます。

こうした〝選択疲れ〟は日常的にすべての人の意思決定に影響しています。しかも、疲れがピークに近づくと意思決定すること自体が面倒になり、比較検討することなく衝動的に選択するか、選択を回避し先送りするようになってしまいます。

判事が午後の遅い時間になると仮釈放を認めないのは、受刑者に再犯の可能性があるかどうかなどを比較検討する力が残っていないからだったのです。判事たちは〝選択疲れ〟から楽な選択肢を選んでいたと言えます。

この研究の結果からも、「難しい選択は午前中に行う」という習慣の大切さがわかっていただけるのではないかと思います。

朝に1日の行動を決める習慣が、後悔しない選択へとつながる

脳科学の研究によると、脳は朝起きてからの約2時間が最もクリアな状態です。

中でも、**朝食を摂ったあとの約30分間がゴールデンタイム**だとされています。この30分は、1日の中で最もセルフコントロール力や選択する力が高まっている時間帯です。

もし、あなたが何か新しいことを始めたい、人生を左右するような選択をしたいと思っているなら、この30分を有効に活用してください。

そのためにはまず、早く起きること。**朝食後の30分から1時間を、じっくりと大事な**

決断をするのに使えるようなスケジュールを組みましょう。

仮にあなたが8時に家を出て職場に向かう生活を送っているのであれば、6時に起きて朝食を済ませ、6時30分~7時30分の1時間で集中して判断する。そんな習慣をつけることをおすすめします。

朝食後30分をピークとした脳がクリアな状態は、そこから約4時間持続します。6時に起床、7時に朝食を食べ終えたとすると、だいたい11時くらいまでが知的な作業に向いた時間帯ということです。

その後は徐々に判断する力が下がっていき、複雑な選択に向き合うことが難しくなっていきます。できれば、**朝のフレッシュな状態のうちに、その日のスケジュールを組み立ててしまいましょう。**

会社に着いたら、最初に何から始めるのか？　何時を目処にして終わらせるのか？　次に取りかかる仕事は何か？　判断力が鈍ることの少ない朝の時間に、その日に起きそうな出来事を予測し、準備しておくのです。

朝の頭がクリアな時間に明確な行動プランを作っておくことで、余計な〝選択疲れ〟を予防することもできます。

作ったプランはできるだけ紙に書き出しておきましょう。すると、プラン通りに物事が運ばない事態に直面したときも、慌てずに対応できます。

あまり明確な行動プランを立ててしまうと、それがズレたとき混乱するのでは？　と心配になる人もいるかもしれません。しかし実際は逆で、明確なプランがあることでスケジュールの再調整が容易になり、迷わず動くことができるようになります。

「難しい選択は午前中に行うこと」
「朝のうちに1日の行動プランを作っておくこと」

この2つを習慣化することで、余計な〝選択疲れ〟を防ぎ、「冷静だったら、あんな選択しなかったのに……」といった事態を避けられるようになるのです。

冴えた頭をキープする"選択疲れ"回避テクニック

①1日のプランを作る

1日の行動をあらかじめ作っておき、それに従って行動することで、その都度訪れる選択に迷うことはなくなる。

②自分の中でルールを作る

朝食はパンとコーヒー、昼は紅茶など、毎日することに対して自分の選択を絞っておけば、"選択疲れ" を回避できる。

③物を増やさない

かばんにボールペンやサインペンが何本も入っていたら、どれを使うかの迷いが生じる。1本しか持ち歩かなければ、選択に疲れることはない。

習慣③

不安への対策をする

人間は不安に駆られると、焦りから短絡的な解決策に逃げがちです。ピンチに陥ったとき、それをネガティブにとらえるか、ポジティブにとらえるかで、私たちの選択の質は格段に異なってくるのです。

3つ目の習慣は、「不安への対策をする」です。

不安はあなたの眼を曇らせ、後悔する選択を引き寄せます。

心理学的に不安傾向の高い人、物事をネガティブに考える人は、身の回りの環境や状況の変化に気づきにくくなります。そして、新たな価値観や取り組みを受け入れにくくなるということが、心理学者・行動経済学者のダニエル・カーネマン博士の研究で明らかになっています。

本来であれば、いくつもの選択肢があるにも関わらず、不安に駆られた人は警戒心を高め、考え過ぎて動けなくなります。つまり、**不安に脅かされた状態をそのままにしていると、選択を先延ばしにし、行動を起こす回数も減っていくわけです。**

同時に、否定的な思い込みにとらわれる「ネガティブバイアス」と呼ばれる心理が働きます。「やってみてもどうせうまくいかない」「以前も失敗した」など、否定的な現象に目が向くようになるのです。心理的に後ろ向きなまま選択し行動するので、失敗の可能性が高くなります。

不安を抱えたまま対策を取らず、放置したままにするのは絶対NGです。「次もまただめかもしれない」というネガティブな感情は、合理的な思考を妨げ「後悔しない選択」を遠ざけます。

後悔しない選択をする力を身につけたいのなら、まずは不安と向き合い、対処する習慣を学ぶ必要があるのです。

もし、あなたが自分を「人よりも不安を感じやすいタイプだ」と思っているなら、次に挙げた3つの思い込みがないかチェックしてみてください。成功や正しさ、安全などへの強いこだわりが、結果的にあなたを不安にさせているのかもしれません。

- 成果を出さないと周囲の人に認めてもらえない
- 人間は常に正しいことをするべきで、そうでなければ否定される
- 人生は安心で安全な状態が当たり前であり、不安で危険な状態はありえない

これらの思い込みがある人は、何かを選択するときも「正しさ」や「正常／正義」と

いったことにこだわる傾向があり、そこから外れる選択肢には違和感を覚えます。もし、あなたにも当てはまると感じたら、次のように対処していきましょう。

まずは、ネガティブバイアスの存在を意識すること。その上で、自分が今、感じている不安が本当に意識を向ける必要のあるほどの危機（命に関わる、人としての信用に関わる）なのか、一旦、冷静になって考えてみましょう。

あなたは取引先のキーマンの表情の変化をどう受け止めるか

例えば、こんな場面を想像してみてください。

あなたが取引先とのミーティングに数分遅刻したとします。すでに参加者が揃っている会議室のドアを開くと、あなたの姿を見た取引先のキーマンの顔に微笑みとも苦笑とも取れる中途半端な笑顔が浮かびました。

キーマンは、あなたの到着を喜んでいるのでしょうか？　それとも遅刻したことに不満を持っているのでしょうか？

あなたはキーマンが浮かべた笑顔をどう受け止めますか？

ネガティブバイアスが働いた場合、「遅刻を怒っている」と感じ、ミーティングの間、平静ではいられなくなるでしょう。失敗を取り戻そうと、不用意な発言をして実現不可能な約束をしてしまうかもしれません。

あるいは、キーマンから叱責があるのではないかと恐れ、ミーティングの内容が頭に入らず、別のミスを招いてしまうかもしれません。

一方、あなたが物事をポジティブにとらえられるなら、キーマンの表情の変化を「安心したという笑顔だ」と解釈して、リラックスした状態でミーティングに臨むことができるはずです。

このように同じ情報をどう解釈するかによって、見えてくる世界はがらりと変わり、その後の選択も大きく変化していきます。

いつでもどこでもできる呼吸法で不安への対策を施す

不安への対策には、２つの方法があります。
１つは**呼吸法や瞑想によるメンタルトレーニング。**
もう１つは、**解釈を変えて不安をエネルギーに変える方法**です。

まずは１つ目の「呼吸法」、「メンタルトレーニング」から紹介します。
人は不安を感じると呼吸が浅く、早くなります。すると、交感神経が働いて血液の循環が落ち、脳が必要とする新鮮な酸素の供給が滞り始め、注意力、集中力、観察力、判断力が落ちてしまうのです。

その結果、不安が高まった状態でミスが増え、起こしたミスによってますます不安になっていくという悪循環が起きてしまいます。

この悪循環を断ち切るために呼吸を変えていくのです。ゆっくり息を吐いて、ゆっくり吸う。これを繰り返すだけで肩の力が抜けていきます。

気持ちを落ち着けるための呼吸法にはさまざまな種類がありますが、今回は**無理なく続けられるという視点から、「タクティカル・ブリージング」と呼ばれる方法を紹介**したいと思います。

これはアメリカの国防総省が正式採用している呼吸法で、訓練や戦場などの現場で緊張状態を強いられるアメリカ軍の兵士たちが実践し、効果を上げています。

その方法は、次の通りです。

1 口を閉じて鼻から4秒かけて息を吸います
2 4秒間息を止めます
3 4秒かけて口から息を吐き出します
4 4秒間息を止めます

以上のセットを気持ちが落ち着くまでくり返します。

シンプルな方法ながら脈拍の安定、血圧の低下、脳神経の鎮静、ストレスの解消などの効果が認められています。

場所を選ばずどこでもできるので、「ちょっと緊張しているな」「呼吸が浅くなっているな」と気づいたときに試してみましょう。

一瞬で気持ちが落ち着くタクティカル・ブリージング

アメリカの国防総省が採用した呼吸法。脈拍の安定や血圧の低下など、さまざまな効能が認められており、実践しやすいのが特徴。

やり方

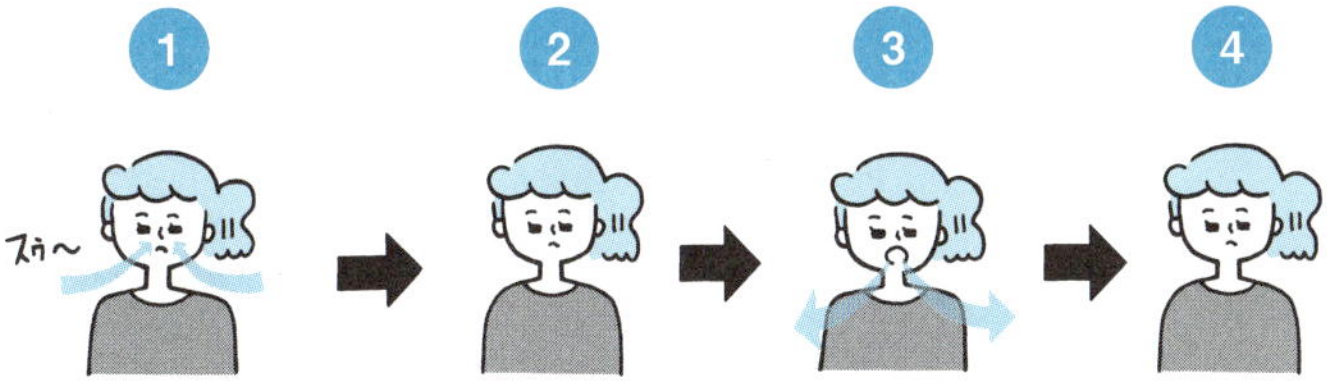

1. 口を閉じて鼻から4秒かけて息を吸う
2. 4秒間息を止める
3. 4秒かけて口から息を吐き出す
4. 息を止める

1～4を気持ちが落ち着くまで繰り返す

ポイント

心の中で4秒数える
呼吸を数えるという作業が、散乱している意識を1つにまとめ上げ、高い集中力を生む。

不安などを抱いたらすぐ実践
時間や場所を問わず実践できるタクティカル・ブリージング。習慣的に行えば、不安に強くなります。

! ゆっくりと時間が取れるときは瞑想で不安への対策をする

続いては、瞑想によるメンタルトレーニングを紹介します。朝起きたあと、夜眠る前など、ゆっくりと時間を使える状況で試してみてください。**瞑想の効能は脳科学の分野でしっかりと認められ、注意力や判断する力が向上することがわかっています。**また、心理学の分野でも心身をリラックスさせ、ストレスの管理、衝動の抑制、自己認識力の向上に好影響を及ぼし、不安への耐性を高めてくれることが確認されています。

瞑想で大切なのは、短時間でもコツコツと続けること。そこで、**初めてでもすぐに試しやすい「数息観」と呼ばれる方法**を紹介します。

1 お腹を突き出すイメージで、背筋を伸ばして座ります

2 前方1・5mのあたりをぼんやりと見つめます（目は閉じません）

3 1分間に4回から6回のペースでゆっくりと呼吸をしながら、息を吐いた回数を数えていきます

4 息を吐いた回数を10まで数えたら、また1にもどりましょう

5 1～10まで息を数え続けます

6 意識が別の何かにそれてしまったら、静かに1から呼吸のカウントにもどります

初めて瞑想をする人は、途中で注意がさまざまな方向にそれてしまいがちですが、あまり気にせず続けてください。というのも、**注意がそれたときに呼吸に意識を戻すことで、日常生活で心が乱れたときに呼吸を整えやすくなります。**

この瞑想法に慣れてきたら、取り組む時間を長くしたり、徐々に回数を増やしたりするとよいでしょう。

不安がみるみるうちに消える瞑想法

数息観…中国から仏教が伝来してきたと同時に、日本に伝わった瞑想法。注意力や判断力の向上、リラックス効果があり不安への耐性が高まる。

正しい姿勢

目は閉じない
お腹を突き出すイメージ
右手が下

やり方

1、2、3…
よし、もう1回

背筋を伸ばして座り、前方1.5mあたりをぼんやりと見つめる。

1分間に4～6回のゆっくりした呼吸で、吐く息を数える。

1～10まで息を数え、意識がそれたら最初からやり直す。

瞑想に関しては、私がiPhone向けに監修した「メントレ（メンタルトレーニング）」というアプリもあります。カメラ機能などを使いながら、簡単に瞑想トレーニングを行うことができるので、ぜひ試してみてください。

不安をモチベーションに変え、よりよい選択につなげる

2つ目の不安への対策は「解釈を変え、不安をエネルギーに変える方法」です。ドイツで行われた実験について紹介します。被験者は194人のドイツ人と、270人のドイツ人ジャーナリスト、159人のポーランド人学生です。研究チームは彼らに2つの質問をしました。

1 締め切りがあるという不安は、時間通りに仕事や課題を終わらせることに役に立っていますか？

2 目標を達成できるかどうかという不安は、一生懸命物事に取り組み、集中するために役立っていますか？

質問の意図は、不安を目標達成に導くポジティブな要素ととらえているか、仕事の邪魔をするネガティブな要素ととらえているかを聞くことにありました。

実験の結果、2つの質問にイエスと答え、不安が目標達成やモチベーションアップに欠かせないと考えている人たちの方が、成績がよく、仕事や人生への満足度も高いことがわかりました。

研究チームは、不安を感じたから期限を守ることができた、不安があるから目標を達成するための集中ができた、といったポジティブな不安のとらえ方を「不安モチベーション」と名づけました。彼らは**解釈の仕方によっては、不安が私たちのモチベーションを高めてくれる**と指摘しています。つまり、不安は強いエネルギーを心の中に作ってくれるとも解釈できるのです。視点を変えることで前向きな要素を見出すこうした考え方を、心理学の世界では「リフレーミング」と呼びます。

「リフレーミング」の効果を示した以下のような実験があります。ハーバード大学の研究チームは、学生たちを「人前でのスピーチ」「数学テスト」「カラオケ」などの緊張や不安を感じやすい活動に参加させ、リフレーミングの効果を測ったのです。

学生には「不安を感じたら『興奮してきた！』と叫んでみてください」と指示しました。すると、叫んだ学生のスピーチやカラオケの評価は17％向上し、数学のテストの成績は22％もよくなったのです。

なぜ、このような結果になるかというと、じつは不安も興奮も、身体に起こる変化は同じだからです。不安を感じているときも、身体は心拍数が上がるなどして活性化されます。そのため、**不安を興奮としてとらえることができ、そうすることで心理的な負担を軽くすることが可能なのです。**

もし、あなたの心臓が不安や焦りなどでドキドキしていたら、「身体中に血液を送って行動力をアップさせようとしてくれているんだ」と考えるようにしてください。そうすることでネガティブな感情に強くなり、逆境に立ち向かえる体質になっていきます。体の変化をどう解釈するかによって、発揮されるパフォーマンスは大きく変わってくるのです。

少々強引にでも、気持ちをポジティブな方向にリフレーミングする習慣を身につけることが、不安への対策になるわけです。

ちなみに、**このリフレーミングは仕事や勉強などで「時間がない！」と焦っている人にも有効です。**

例えば、仕事が山積してしまい焦りを感じたら、「自分はワクワクしているだけだ」と声に出して言ってみましょう。このとき、同じフレーズを3回繰り返して、自分が言ったことを信じ込むようにしてください。すると、仕事を続ける意欲が湧いてきて、落ち込んだまま仕事を続けるよりも効率的に、よりよい仕事ができるようになります。

また、試験の寸前に不安になったら、「やることはやった」と自分に言い聞かせましょう。試験に焦りは禁物です。リフレーミングがもたらすポジティブな感情が、あなたのパフォーマンスを上げてくれます。

Let's try

やってみよう

03

朝のゴールデンタイムを活用する習慣術

効果

効率性アップ ★★★★★★

客観力アップ ★★★

これから紹介するのは、朝のゴールデンタイムをより有効に活用するためのトレーニングで、「アイビー・リー・メソッド」と呼ばれるものです。

やるべき行動を絞り込んでいくための手法で、「一つの作業が終わるまで、断固として次のことをやらない」という仕組み作りです。

手順は以下のとおりです。

STEP 1 紙に「今日やるべきこと」を6つ、メモする

STEP 2 その6項目を重要だと思われる順に1、2、3、4、5、6と番号を振る

STEP 3 このメモの順番に従って作業を進める

STEP 4 もし全部できなかったら、悔やむことなく忘れる

STEP 5 翌日、新たな6つの項目を新しくメモする

STEP 6 ①〜⑤を丁寧にくり返す

ポイントは、1つの作業が終わるまで、次のことはやらないこと。また、その日のうちに終えることができなかった作業は、翌日に持ち越しても構いません。

この方法を実践することで、同時並行の作業であれもこれもと混乱するのを防ぎ、作業を1つに絞り込むことで迷いなく結果を出せるようになります。

このメソッドを考案したアイビー・リーは20世紀前半に活躍した経営コンサルタントで、のちに「PRの父」と呼ばれるようになった人物。彼は「生産性を高めたいが、なかなかうまくいかない」という悩みを持っていたクライアントに、6つのステップからなるこの手法を伝授していました。

まとめ

これを朝のゴールデンタイムに行うことで、あなたは新しい1日を迷いなく過ごすことができ、合理的な選択ができる可能性が高まります。

第4章

選択力を鈍らせる5つの落とし穴

私たちが知らないうちに
とらわれている思い込みは、
判断する力を鈍らせ
「後悔する選択」を招きます。
しかし、対策はあります。
それらの思い込みは
その存在を知り、
常に自覚することで、
克服することができるのです。

introduction

あなたの選択力を鈍らせる5つのバイアス

思い込みや思考の偏り（バイアス）は、私たちの選択に深く関与します。そして、こうしたバイアスは特に精神状態が不安定なときに大きな影響を及ぼすことがわかっています。

いきなりですが、これまでのあなたの人生を振り返ってみてください。

いくつもの選択をしてきたと思います。そのうち、後悔している選択はどのくらいありますか？

そして、思い出した後悔している選択のうちから、選択する直前のあなたの精神状態を思い起こしてみてください。

その選択肢を選んだとき、2章で紹介した外的な要因に追われた状態ではありませんでしたか？　「できて当然だよね」といった強いプレッシャーを受けながらの意思決定ではありませんでしたか？

じつは選択時の精神状態は、「選択する力」に大きな影響を与えます。

ストレスを感じているとき、多くの資金を注ぎ込み焦っているとき、必要以上にプラス思考になっているときなど、**心のバランスを欠いた状態では、後悔する選択をしやすいことが**心理学の研究でも明らかになっています。

ところがやっかいなことに、**私たちは自分自身が心のバランスを欠いている状態かどうかを判別するのが苦手です。**特に大きな決断を前にして、自分の心の状態を省みることができる人はほとんどいないでしょう。その結果、知らず知らずのうちにストレスやプレッシャーを感じながら非合理的な選択をし、後悔する結果になるのです。

その原因となっているのが、物事を経験からくる先入観や偏った見方で判断してしまう「バイアス」と呼ばれる脳の仕組みです。

日々、たくさんの情報を処理しなければならない脳は、「前はこうだったから、今回もきっとこうだ」と、バイアスを使ってすばやく判断を下せるよう発達してきました。その結果、**心に余裕がないときほど脳が楽をしようとして、バイアスをかけて非合理的に物事を判断するようになるのです。**

例えば、3章で取り上げたネガティブバイアスもその1つ。ポジティブなことよりもネガティブなことに対して敏感に反応する習慣が積み重なり、脳内に構築された回路です。不安に敏感な人はネガティブバイアスが強く、否定的な現象につい意識を向けて判断してしまう傾向があります。

以下の5つのバイアスは、「後悔する選択」を招く代表的なバイアスです。

1 **感情バイアス**
不快な事実を認めようとせず、肯定的な意見ばかりを取り入れようとする

2 **プロジェクションバイアス**
現在の感情を基軸にして、未来に得られる幸福の量を見積もってしまう

3 **サンクコストバイアス**
すでにかけたお金や時間の元を取るため、損な取り引きを続けてしまう

4 **正常性バイアス**
多少の異常事態が起こっても、それを正常の範囲内ととらえて心を平静に保とうとする

5 **メモリーバイアス**
過去の歪められた記憶に基づいて未来の選択を行ってしまう

これらを**よく知り、対処法を学ぶことによって、どんな心理状態でも合理的な判断ができるようになります。**

落とし穴①

感情バイアス

人間の感情は、常に変化しています。気分がよいとき、悪いとき、焦っているとき、平常心のとき……。そうしたさまざまな感情の変化が、私たちの選択に影響を及ぼします。

バイアスは、合理的な意思決定や論理的な判断を邪魔します。

ノーベル経済学賞を受賞した認知心理学者ダニエル・カーネマン教授は、簡単な算数の問題を例に出し、私たちが陥りがちなバイアスの罠について説明しました。

次の問題を読み、15秒以内に答えてください。

「バットとボールはセットで1ドル10セントします。バットはボールより1ドル高い。ボールはいくらでしょうか？」

さて、あなたはボールをいくらだと考えましたか？

カーネマン教授が実際に行った実験では、大多数の人がすばやく自信を持って「ボールは10セントだ」と答えました。

しかし、その答えは間違いです。正解は5セント。バットが1ドル5セントで、ボールは5セントとなります。

もし、あなたが「10セント」と答えてしまったとしても、落ち込まないでください。これこそまさに選択を惑わせるバイアスの代表的な働きだからです。

カーネマン教授の研究では、同じ問題をハーバード大学やプリンストン大学、マサチューセッツ工科大学といった一流校の学生にも出していますが、50％以上が「10セント」と答えています。**バイアスは地頭のよさや学習能力の高さとは関係なく、特定の状況下で人の選択力、判断力を惑わせる**のです。

今の問題で言えば、「15秒以内」というタイムリミットが、あなたに不安と焦りを与えました。

こうした場面で私たちは、問題を丹念に読み直し、紙に数式を書き出すような手間をかける代わりに、カーネマン教授が「知的ショートカット」（mental short cuts）と名づけた素早い判断に委ねます。

この問題ならば、「1ドル10セントから1ドルを引いて……ボールは10セント！」と答えてしまうのです。

「知的ショートカット」は、知的という名称とは裏腹に、検討をすばやく正確に行うのではなく、1つの答えや選択を信じ、思考を停止してしまう状態を指しています。

そうすることで**シンプルで一見正しそうな答えを導き出し、15秒以内に答えなくては**

いけないという状況に置かれた自分を納得させるのです。このように人間の意思決定は、そのときの状況や焦りの感情に大きく左右されます。

人間がこうした間違った意思決定をしてしまうのは、愚かさゆえの症状ではなく、人間の本質的な要素だとカーネマン教授は語っています。長い進化を遂げてきた脳が持つ、避けがたい副作用だとも言えるのです。

気分によって同じ出来事の受け止め方が180度変わってしまう

怒り、焦り、不安、喜び、甘えなどの感情は、それらが生じているときの人間の選択に強い影響を与えます。悲観的なときは必要以上にリアリストになったり、焦っているときは直感的な選択を信じやすくなったりします。怒っているとき、喜んでいるときは判断基準が厳しくなったり、緩くなったりするのです。

また、選択を左右するだけでなく、間違いだといわれる情報を正しいと思い込んでしまうなど、物事の認知の仕方にも影響を与えます。

これらの**感情的要因による意思決定や認知の歪みが、感情バイアス**です。

例えば、あなたのオフィスに隙あらばダジャレを言う先輩がいたとします。あなたの気分がいいときは、「場を盛り上げようとしてくれているんだな」と好意的にとらえ、笑顔とともに「またダジャレですか」「今のは、おもしろかったですね」と伝えることもできます。

ところが、取引先とのシリアスなやりとりにストレスを感じているとき、迫っている納期に合わせようと焦って作業をしているとき、先輩のダジャレが炸裂したらどうでしょう？　「空気の読めないヤツだな」「うざい」と感じ、思わずイラッとしてしまうはずです。

また、育休に入る同僚を見て、普段なら「おめでとう！」と素直に送り出せる人が、感情が停滞しているときは「どうせ会社にいても暇だしね」などとTwitterで毒を吐いてしまい、炎上するといった例もあります。

これらは感情バイアスによるもので、心理学的には「気分一致効果」と呼ばれています。私たちは気分がいいとき、悪いときで、物事の認知の仕方が変化してしまうのです。

物事の受け止め方が変われば、当然、その後の意思決定にも影響が出ます。

本来であれば、合理的な選択ができる人も、気分が悪いときは何でもないことをネガティブにとらえてしまい、あとで後悔する選択肢を選んでしまうのです。

では、どうしたら感情バイアスの罠を避けることができるのでしょうか？

じつは、ペンシルベニア大学、デューク大学の共同チームが意思決定論のジャーナルに、「バイアスを避けるためのガイドライン」を発表しています。

これによると、感情バイアスを避けるための方法は2つです。

1つは、**自分の認知、判断が感情に左右されることがあると自覚すること。**これはここまで読んでくださったあなたには、すでに伝わっていると思います。

2章の「『後悔しない選択』をするための準備」でも紹介したとおり、人間は衝動に抗えない弱い生き物だと心に刻みましょう。感情的になると判断する力がなくなることを理解した上で、「客観的な視点を持つ（➡p76）」あるいは「未来の自分を想像する（➡p90）」などの対策を施すことが大切です。

もう1つは、**ストレスが大きいときに大切な選択をしないこと。**怒りや焦りなどのネガティブな感情はもちろん、空腹や疲労感などのストレスも合理的な選択を歪ませる原因となります。

あなた自身、過去の後悔している選択を振り返ってみると、意思決定時に何らかのストレスがあったと気づくのではないでしょうか？　ストレスを感じ、精神的に追い詰められたときの選択は短絡的で、後悔する結果になるケースがほとんどです。

強いストレスを感じているときは、選択してはいけない状況だと自覚し、あえて判断を先延ばしにすること。それも感情バイアスへの対処法になります。

感情を味方につけて、バイアスにうまく対処する

すごく楽しいとき、喜んでいるときも注意が必要です。

感情が大きく揺れているという意味では、楽しさや喜びもストレスの一種。楽観的になり過ぎたり、衝動的になり過ぎたり、周囲の勢いに押されてしまったりと、合理的な

判断ができなくなってしまいます。

衝動買いなどはその典型で、セール開催時に「安い」、「お祭りみたい」、「期間限定だしラッキー」と一時的な興奮を感じ、判断力が低下します。たいして必要ではなかったものを買ってしまうのです。とはいえ、**日々の暮らしの中で楽しさや喜びを含めたストレスがゼロになることはありません。**

そこで、身につけていきたいのがストレスを味方にする考え方と感じ方です。

スタンフォード大学の心理学者ケリー・マクゴニガルは「ストレスは人を賢く、強くし、成功へと導く」と指摘しました。そして、ストレスにはときに人を奮い立たせて集中力を高め、選択する力を向上させる効果があることを研究によって明らかにしたのです。

例えば、「緊張している、どうしよう」という状態で、「このストレスの力で、自分はよりよい選択ができるようになる」と考えてみましょう。**ストレスを目の前の難題にチャレンジするためのスイッチとして、ポジティブにとらえる**ようにするのです。

ストレスを書き出すエモーショナル・ディスクロージャー

ただし、このようなストレスのとらえ方を身につけるまでには訓練が必要ですし、時間もかかります。そこで、ストレスを手っ取り早く手放すためのテクニックを1つ紹介したいと思います。

もし**ストレスを感じる事態に直面したら、自分の気持ちをありのままに書き出していきましょう。**これは心理学で「エモーショナル・ディスクロージャー」と呼ばれる手法です。

「実家から電話。母から『恋人は?』『結婚は?』と遠回しに聞かれ、イラついた」
「取引先からのムチャ振りで、休日出勤確定。本当に最悪」
「子どもを叱ったとき、思わず感情的になってひどいことを言った。自己嫌悪中」

このようにどんな些細なことでもいいので、ストレスと感情の動きを包み隠さず、思ったままに書き出していきましょう。手書きでも、スマホのメモ機能を使っても、SNS

への投稿でもかまいません。

このエモーショナル・ディスクロージャーは手軽にできるストレス対策ですが、その効果は科学的にも認められています。

また、日々の仕事や生活の中で自分の感じたストレスの記録を残すことで、自分はどういったことにストレスを感じるのか、あのときはどういうきっかけでストレスから解放されたのか、といった「ストレスの感じ方を知る」効果もあるので、ぜひ実践してみてください。

あなたの選択力は大丈夫？　ストレス度チェック

ストレスは選択を惑わす原因の1つ。下記の項目は全てストレスを受けたことで生じる体の不調です。ストレスを察知して対策を取るようにしましょう。

①よく風邪を引いてしまう	YES	NO
②夜、眠れないことがある	YES	NO
③肩こりがひどい	YES	NO
④手が震える	YES	NO
⑤息苦しくなることがある	YES	NO
⑥片頭痛がする	YES	NO
⑦手の平や脇に汗をかくことが多い	YES	NO
⑧胃が痛い	YES	NO
⑨吐き気がする	YES	NO
⑩電話に出たくない	YES	NO
⑪メールを開きたくない	YES	NO
⑫布団から出たくない	YES	NO
⑬いつも眠い	YES	NO
⑭気持ちが晴れない	YES	NO

0～1：ストレスはありません。
2～5：軽いストレスを持っています。
6～10：重いストレスを抱えています。
11～14：ひどいストレスを抱えています。

落とし穴②

プロジェクションバイアス

明日の自分、明後日の自分、1か月後の自分――。人は今よりも未来はもっと幸福になりたいと思うもの。しかし、そんな将来のビジョンすらも、バイアスに影響されてしまうことがわかっています。

2つ目の落とし穴は、プロジェクションバイアスです。

プロジェクションバイアスは、今、この時点での感情をベースにして、「未来もきっとこうなるだろう」と見積もって選択してしまう現象のことです。

例えば、あなたの目の前の壁にプロジェクターで、ある状況に陥った近い将来の自分の姿が映し出されるとします。

もし、大学の合格発表を見て、自分の番号がないことを知り、「人生、終わった……」と落ち込むあなたの姿が映し出されたとするとどうでしょう?

それを見たあなたが自分の未来を想像すると、志望校に落ちたことをきっかけに就職も思うように行かず、最悪の人生を歩む自分の姿が思い浮かぶはずです。

もし、1億円の宝くじが当たり、「私も億万長者だ!」と舞い上がっているあなたの姿が映し出されていたとしたらどうでしょう?

それを見たあなたが自分の未来を想像すると、働かず、毎日リゾートライフで過ごす最高の人生を送る自分の姿が思い浮かぶはずです。

壁に映し出された状況は極端な例です。

しかし、このようなケースでなくても、プロジェクションバイアスは日常の感情に応じて、「今日も平穏な1日だったから、1年後も平穏だろう」「今、女性にモテているからこの先もずっとモテるはずだ」など、あらゆる場面で発生するのです。

ポイントは、**今の感情をベースにして、その延長線上に未来を想像してしまう**ところです。冷静に考えれば、大学に落ちて最悪の気分になったとしても、そこで人生が終わるわけではありませんし、宝くじに当たって天にも昇る心地になったとしても、その後、不満もない人生が送れると決まったわけではないことは誰にでもわかります。

思いがけない事故や災害に見舞われた人のことを例にとっても、今の感情の延長線上に未来があるわけではないことはわかると思います。人生は突然の出来事で、大きく変わることがあるのです。

ところが、プロジェクションバイアスが働くことで、私たちは今の感情をベースに未来を思い描いてしまいます。

その結果、必要以上に悲観的、楽観的になったまま意思決定を下し、将来的に後悔する選択をしてしまうのです。

プロジェクションバイアスは未来の選択を誤らせる

この傾向が如実に出るのが、投資の世界です。

例えば、仮想通貨の急騰でひと儲けした人。彼らはその時点の感情をベースに「これからも上がっていくに違いない」と楽観的な予想を立て、さらに投資するという選択をします。後悔しない選択をするためには、追加で投資をするにしろ止めるにしろ、一度フラットに状況を眺めて考える時間を取るべきです。

しかし、プロジェクションバイアスが働くと、自分に都合のいい状況が今後も続くはずだと躊躇なく投資に踏み出してしまいます。

人間の感情は、よくも悪くも長続きしないようにできています。それにも関わらず、**今の自分の感情がずっと続く。そして、その感情を生み出した状況（仮想通貨が上がり続ける）も続くと根拠なく信じてしまうのです。**

こうした状況を防ぐにはどうしたらいいのでしょうか？

コロラド大学の研究チームは、プロジェクションバイアスが働く状況に陥ったとき、**「選択するときの状況と、それによって起きる未来の状況をできるだけ近づけるといい」**と言っています。

例えば、スーパーに夕食の食材を買いに行ったとします。

空腹時の「お腹が空いた」という感情で買い物をすると、プロジェクションバイアスの働きで食べたあとの状況がうまく想像できず、「あれも食べたい」「これもうまそう」と買い過ぎてしまいます。

逆に満腹時の「もうお腹いっぱい」という感情で店内を歩くと、「夕食は軽くでいいか」と量が足らなくなります。

こうした**失敗がなぜ起きるかと言えば、今の感情と未来の状況がかけ離れているから**です。

実際は、買い物時の感情とは関係なく、夕食を作るのに必要な素材があればいいわけです。あらかじめ夕食のレシピを決め、買うべき食材をメモにまとめ、スーパーへ行くようにすれば、夕食を作るときの状況に近づくため、プロジェクションバイアスの落とし穴に落ちずに済みます。

また、飲み会での頼み過ぎ、無駄なお金の使い過ぎを防ぎたいときは、一品ずつ頼みながら食べてみるようにしましょう。お店に入ったときの空腹状態のまま、メニューを見て「あれもこれも」と頼むと、スーパーでの買い物と同じ現象が起きます。「空腹感に影響されて、注文したあと、食べたあとの状況がうまく想像できなくなっているのだ」と考えることで、感情を切り離して注文する点数を選択することができるようになります。

少しお腹が満たされれば、たくさん注文したいという衝動は一時的なものだと理解できるのです。

投資で言えば、値上がりしても値下がりしてもいいように、あらかじめ利確、損切りの基準額を決めるなど、客観的な基準を設けて選択時における感情の影響を切り離すことが大切です。

シチュエーションの変化を読書で疑似体験する

「勝って兜の緒を締めよ」という格言があります。

調子のいいときこそ、初心に返り、気を引き締めて次の勝負へ向かうべし、といった意味です。じつは、これこそプロジェクションバイアスから脱するのに有効な方法で、多くの成功した経営者が実践しています。私のよく知る上場企業の創業者も、成功の理由をこんなふうに打ち明けてくれたことがあります。

「自分の会社は今、儲かっているけれど、創業時を始め、何度も苦しい時期があった。倒産しそうなときもあった。だからこそ、今のままでうまく行くと考えず、初心に戻って事業と向き合っていくのだ」と。

彼らは初心という過去の自分の状況と照らし合わせることで、会社の好調に浮かれずにプロジェクションバイアスの影響をなくすことができるのです。

しかし、そこまで**ドラマチックな経験のない人にとっては、感情の上下動を予測して**

対処するのは難しいもの。

経験のない人間は最悪な状況に陥ったとき、次なる一歩を踏み出すためにどんな選択をすればいいのかわからなくなります。

例えば今までまったく女性に縁のなかった男性が、思いもよらず人生初のモテ期に突入したとします。しかし、恋がうまくいく期間が過ぎてしまったら、どんな状況が待っているか想像できないはずです。

それは実直に会社員として働いてきた人が、突然、勤務先の倒産に直面し、次に取るべき行動がわからなくなってしまう状況にも似ています。

プロジェクションバイアスの落とし穴にハ

基準を設けてプロジェクションバイアスを防ぐ

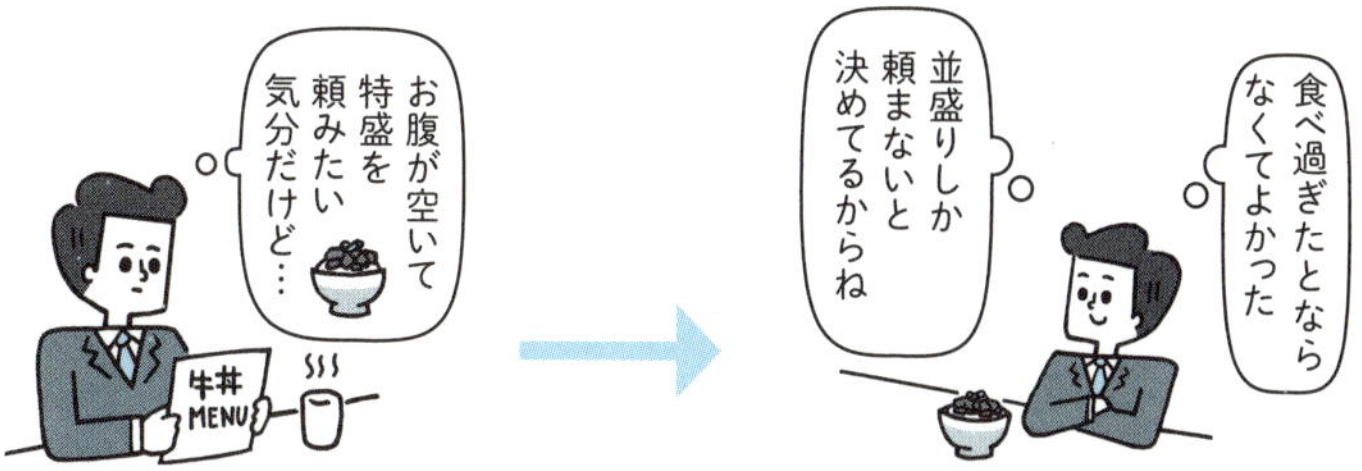

空腹という感情が襲う

お腹が空き過ぎるとプロジェクションバイアスが働いて、つい必要以上に頼んでしまいがち。

基準を設ける

「牛丼店では並盛しか頼まない」と自分の中で基準を定めておけば、食べ過ぎを防ぐことができる。

マると、その状態がずっと続くと想像してしまい、挫折の末に自殺を考えるような事態にもなりかねません。

思いもよらない事態に陥ったときは解決する未来がわからないため、コロラド大学の研究チームによる「選択するときの状況と、それによって起きる未来の状況をできるだけ同じにするといい」というアドバイスも実行できなくなります。

そんなとき役立つのが読書です。

ドキュメンタリーやルポ、小説などを読むことで、最悪な状況になったときに人がどんな心境になり、どんな状況に追い込まれるのかを疑似体験することができます。

もし読書が苦手ならば、映画やドラマでもかまいません。自分が選択したあとの状況をリアルに感じられる物語を通じて、プロジェクションバイアスから脱することができるのです。

ある心理学者は、このように言っています。

「フィクションは現実社会のシミュレーターです。飛行機のパイロットがフライトシミュレーターで腕前を磨くように、読者は小説によって社交スキルのトレーニングをしている。フィクションは、心のフライトシミュレーターなのです」と。

倒産を経験した起業家の本
複数回の転職に成功した人のブログ
恋愛の機微を描いた映画——

こうした**数々の物語に「もしも自分だったら?」という視点で触れていくことで、プロジェクションバイアスを避けるヒントが得られるはずです。**

落とし穴③

サンクコストバイアス

人はコストを回収したがる生き物です。元が取れなければ、冷静さを失い損切りができず、さらに後悔します。そうした負の循環に陥らないための合理的な選択のコツを紹介します。

３つ目の落とし穴は、サンクコストバイアスです。

サンクコストは埋没費用とも呼ばれる会計用語で、すでに支払ってしまい、もう戻ってこない費用や労力、時間のこと。こうしたサンクコストにこだわり、合理的、論理的な判断を下せない状態に陥らせるのが、サンクコストバイアスです。

例えば、映画館に映画を観に行ったとして、最初の15分で完全に自分の趣味ではない、楽しめない作品だと気づいたとしましょう。そのとき、あなたはどうしますか？

長編映画の場合、つまらないと気づいた時点から2時間近い時間を無駄に使うことになります。費やした費用が１８００円程度ならば、さっさと映画館を出て自分の趣味や勉強、ショッピングなどに時間を当てた方が有意義です。

ところが、ここでスパッと席を立てる人は少なく、**多くの人は「お金払っているんだから、もったいない」「この先、おもしろくなるかもしれない」と映画を観続けます。**この心理がサンクコストバイアスの典型的な働きです。

あるいはこんな事例もあります。地方に行くと、日中も夜もほとんど交通量のないバイパス道路に出くわします。こうした無駄な公共事業が行われる裏には、サンクコストバイアスが働いているケースが少なくありません。

例えば、総工費100億円で完成するバイパス道路あったとしましょう。計画が8割方進んだ時点で自治体の首長選挙があり、「経済情勢、人口の現象を考えるとバイパスが開通しても黒字になる可能性はなく、経済効果もあまりない。工事は中止するべきだ」と主張する候補が現れます。

しかし、選挙の結果、「(あと20億円かけて) バイパス道路を完成させる」と公約した現職首長が再選します。投票した人たちの考えは、「すでに80億円かけて8割方建設したのだから、ストップするのはもったいない」というものでした。

これは合理的な選択ではありません。

会計的に考えれば、80億円はすでに発生した費用なので建設を続行しても、中止しても二度と戻ってこない埋没費用です。ここからさらに資金を追加して道路を完成させたとしても、黒字になる可能性がないなら、未来に向けて赤字を増やしていくだけの選択となります。

冷静に計算すればわかることが、サンクコストバイアスによって「80億円かけて8割完成させたのだから、もったいない」という歪んだ選択をしてしまうのです。

また、別の事例を挙げると、**ホストやホステスに入れ込んでしまう人の心理にもサンクコストバイアスが深く関わっています。**

女性ならホストに、男性ならホステスに惹かれ、貢いでいくうちに「これだけお金を使ったんだから、何らかの見返りが欲しい」という気持ちになっていきます。一方、仕事のできるホスト、ホステス側はサンクコストバイアスという名称は知らなくても、こうした心の動きについては経験知として学んでいます。

「あなたは特別な存在」というニュアンスを漂わせながら、記念日に高価なボトルを開けさせ、プレゼントを受け取り、その見返りとして「他の客よりも親しい存在であること」を匂わせます。もう少しでさらなる見返りが手に入ると期待させるのです。

客観的に見れば、「そんな関係はすぐに精算した方がいい」「これまで使ったお金は勉強代だと思って、あきらめなさい」とわかる状況だったとしても、当事者である客側はますますお金と時間を注ぎ込むようになり、より大きな見返りを求めるようになっていくのです。

過去に支払ったコストが、現時点での選択に影響を与えるのはおかしなこと。そうわかっていても、当事者になると過去の影響を強く受けてしまうのです。

! 瞑想でサンクコストバイアスの落とし穴を回避する

こうしたサンクコストバイアスを避ける方法について、フランス、シンガポール、アブダビにキャンパスを持つ経営大学院であるINSEAD（インシアード）が研究を行っています。

その結果、サンクコストバイアスの原因となっているのは過去へのこだわりであり、それを手放すためには、**過去ではなく今の自分に目を向ければいい**ことがわかりました。

つまり、これまでに費やしてきたコストに注目すると、「ここでやめたらもったいない」という思考に陥ってしまうため、今の自分に注目し過去を忘れ、合理的な選択ができるようにしようというわけです。

これには「マインドフルネス瞑想」が効果的だと、INSEADのゾーイ・キニアス准教授は語っています。

マインドフルネス瞑想とは、3章で紹介した数息観（⬇p142）と同じようなもので、呼吸をカウントしながら「いま、ここ」の状態に意識を集中し、15分間行う瞑想です。

実際、INSEADでの研究で、被験者を「マインドフルネス瞑想を行うグループ」と「行わないグループ」に分けたあと、「取引先に投資をするかどうか?」「今度の休日にミュージックフェスに参加するべきか?」など、大小さまざまな選択をしてもらいました。**15分間のマインドフルネス瞑想を行ったグループは、いずれの選択でも「長期的によい選択」=「後悔しない選択」ができるようになっていました。**

これはマインドフルネス瞑想によって今の情報に集中する能力が高まり、「もったいない」「あれだけ（お金や時間や労力を）使ってきたのに、あきらめがつかない」といった感情を手放せたことが理由だと考えられています。

つまり、マインドフルネス瞑想を行うことで、私たちはサンクコストバイアスから逃れられるのです。

ちなみに、**マインドフルネス瞑想は、世界のトップ企業や大学などでも、社員研修プログラムや授業などに取り入れられています。**

瞑想を行うことにより自分の状態を意識することができ、次の行動を冷静に選ぶことができるようになるからです。

マインドフルネス瞑想を行って思考を明確化することは、より効果的な意思決定につながります。

左図はマインドフルネス瞑想の実践方法です。「瞑想」と聞くと難しそうに思う人もいるかもしれませんが、数息観と同様に簡単に実践できますので、ぜひ試してみてください。

マインドフルネス瞑想でサンクコストバイアスを打ち破る

❶ 意識を呼吸に集中

マインドフルネスとは、「リラックスをして、今だけに集中している心のあり方」のこと。イスに座ったり、あぐらをかいたりして、意識を呼吸だけに向ける。

※イスに座ってもあぐらをかいてもOK。

❷ 雑念が浮かんでくる

意識を呼吸に集中させていても、時間の経過とともに雑念がどこからともなく浮かび上がってくる。

❸ 雑念と向き合う

リラックスした状態で受け取る雑念は、恐怖や不安、後悔といった感情に左右されず、冷静に向き合える。

❹ 意識を再び呼吸に集中

雑念に引っ張られたら意識を呼吸に戻し、再び瞑想状態に入る。❶～❹を習慣づけるとサンクコストバイアスにとらわれにくくなる。

落とし穴④

正常性バイアス

明日も明後日も、自分にトラブルは起こらないだろうと思っていませんか？　この問いに、「何言っているの？　当たり前でしょう」と思った人は要注意。その考えは、バイアスによる影響を受けています。

4つ目の落とし穴は、正常性バイアスです。

正常性バイアスとは、自分にとって都合の悪い情報を無視してしまうバイアスです。客観的に見れば失敗しそうな状況でも、「自分だけは大丈夫」「今回は大丈夫」「自分にそんなに悪いことが起きるわけがない」と解釈し、後悔することになる選択肢を選んでしまいます。

例えば、自然災害が発生し、自治体などから避難勧告が出たにも関わらず逃げ遅れてしまう人がいます。

災害心理学の専門家は、こうした人々の心には「このくらいの豪雨なら、前にもあったから大丈夫」「家にいた方が安全に違いない」など、正常性バイアスが働いていると指摘しました。

バイアスはすばやく判断を下すために発達してきた脳の仕組みですが、心の平穏を保つという側面もあります。そうした**心のバランスを保つためのバイアスが、緊急時にマイナスに働いてしまう**のです。

また、**オレオレ詐欺のような特殊詐欺の被害にあった人たちも、正常性バイアスが働いていた**と考えられます。

これだけ特殊詐欺の報道が増え、警察も警告しているにも関わらず、被害者はあとを絶ちません。犯罪グループの手口が巧妙になっていることもありますが、被害にあった人の多くは、過去に騙された人の話を聞いていても「自分は大丈夫」「子どもの声ぐらいはわかる」と言っていたそうです。これは正常性バイアスが働いた結果、騙されてしまったのです。

詐欺犯は、被害者が「おかしいな？」と違和感を持ったとき、それを打ち消す話法をマニュアル化しています。

例えば、被害者から「声がいつもと違う」と言われても、詐欺犯は「電波が悪いからじゃないかな。お母さんの声もヘンだよ」などと返してくると言います。すると、「そうか」と納得して、相手の話を聞いてしまうのです。

そして、自分が被害にあったと気づいた時点で「まさか自分が」という言葉を口にします。正常性バイアスの働きが生み出す**「自分は大丈夫」という根拠のない思い込みが、選択を誤らせてしまうのです。**

人は自分の能力を、実際よりも高く評価してしまう

では、こうした正常性バイアスを避け、後悔しない選択をするにはどうすればいいのでしょうか？

「より正確な判断力を身につければいい」と思う人もいるかもしれません。

しかし、正解は逆です。**自分の判断力のなさ、選択する力のなさを認めることが、正常性バイアスを避けるための出発点**となるのです。

なぜなら、多くの人が「自分には判断力がある」と信じているからです。しかも、私たちには自分の能力について過大に見積もる傾向があります。

例えば、日常的に車を運転する生活を送っている人たちに「あなたは平均よりも運転がうまい方ですか？」と聞いた調査があります。

このアンケートの結果、なんと70％の人が「私は平均以上です」と答えたのです。平均値を大きく上回る70％という値から、多くの人が「自分は平均以上に運転がうまい」

と勘違いしていることがわかります。

こうした心理について、コーネル大学の心理学者デヴィット・ダニング博士とジャスティン・クルーガー博士が**いくつかの実験を行い、人間は自分の力を過大に見積もる傾向があることを証明しています。**両博士の研究の中から、象徴的な実験を2つ紹介しましょう。

1つは「ユーモアのセンス」に関する実験です。

参加者に30個のジョークを読ませ、どれほど面白かったかをそれぞれに評価してもらうテストをしました。このテストによってユーモアの理解度がわかるのです。そしてダニング博士とクルーガー博士は、被験者をテストの成績順に4分の1ずつ「最優秀グループ」、「平均より少し上のグループ」、「平均より少し下のグループ」、「底辺グループ」の4グループに分けました。

同時に「あなたのユーモアの理解度は同年代の中でどのくらいに位置していると思いますか？」と自分のユーモアセンスについての自己評価を求めました。

自己評価はパーセンテージで答える形式で、20％ならばユーモアセンスがかなり下の方という評価になり、50％なら平均的、80％の場合、かなり上の方だと考えているということになります。

その結果、底辺グループは自分たちのユーモアセンスを58％と自己評価しました。「底辺グループ」の人たちは「自分のユーモアのセンスが平均的な人より上だ」と思い込んでいたのです。

ちなみに、「底辺グループ」の「ユーモアのセンス」についてのテストの平均得点は、下から12％のところに位置するという結果になりました。つまり、客観的に見て「ユーモアのセンス」は非常に低いわけです。

一方、「最優秀グループ」ではそのような過大評価は見られず、むしろ自分のユーモアのセンスを実際より低く見積もる傾向が見られました。

両博士は、２つ目の実験として「論理的推論の能力」の研究も行いました。こちらも「底辺グループ」の平均得点は下から12％のところに位置するものでした。

ところが、自己評価の平均は68％と高く、平均の50％を大きく上回っていました。「底辺グループ」の人たちが、「自分の論理的推論の能力は平均よりかなり上だ」と評価していることがわかったのです。

ダニング博士とクルーガー博士は、研究の結論として、**「能力の低い人は自分のレベルを正しく評価できない」「能力の低い人は他人のスキルも正しく評価できない」、だから、「能力の低い人は自分を過大評価する」と結論づけました。**

この研究の結果は心理学の世界で広く知られていて、両博士らの名前にちなんで「ダニング＝クルーガー効果」と呼ばれています。

「自分だけは大丈夫」の勘違いからあなたを解放するテクニック

能力が高い／低いの差はあれ、ほとんどの人が多かれ少なかれ「ダニング＝クルーガー効果」の影響を受けています。そして、そんな自分の選択する力を信じてしまうため、「自分は大丈夫」という正常性バイアスの働きにも影響を受けているのです。

だからこそ、自分の意志力のなさ、選択する力のなさを認めることが大事なのです。

しかし、具体的なやり方がわからないとそれを自覚するのは難しいと思います。そこで、正常性バイアスの落とし穴から逃れるためのテクニックを１つ紹介します。

このテクニックは「ＷＲＡＰ（ラップ）」と呼ばれ、スタンフォード大学ビジネススクール教授のチップ・ハース博士と、デューク大学社会起業アドバンスメント・センターのシニアフェローであるダン・ハースの兄弟が考案したものです。

「ＷＲＡＰ（ラップ）」は次の４つのステップに分かれています。

（Ｗ）選択肢を広げる（Widen Your Options）
（Ｒ）仮説の現実性を確かめる（Reality Test Your Assumptions）
（Ａ）決断の前に距離を置く（Attain Distance Before Deciding）
（Ｐ）誤りに備える（Prepare To Be Wrong）

例えば、あなたが住んでいる地域に避難勧告が出たとして、「避難するか」「しないか」の選択をするとしましょう。

1 選択肢を広げる

ハース兄弟は、そもそも二択での問いの立て方が間違っていると指摘しています。「避難するか」「しないか」や何かを「買うか」「買わないか」、経営状態の悪化した会社を「辞めるか」「辞めないか」など、**二択は自動的に視野を狭めてしまい、正常性バイアスや確証バイアス（⬇p37）を働きやすくしてしまいます。**

ですから、これらのバイアスから逃れるためには「避難しないとどういうリスクがあるのか？」「避難する場合、どこに行けばいいのか？」「避難するための手段はいくつあるのか？」「避難する前に想定しておくべきことは何か？」など、**選択肢の幅を広げて考える**必要があります。

2 仮説の現実性を確かめる

「避難した場合、どんな環境が待っているのか？」「同規模の災害時、避難しなかった人たちはどうなったのか？」など、過去の事例をチェックして確かめます。ただし、ここで自分は大丈夫と思っている人ほど、正常性バイアスが働き、過去の避難せずに大丈夫だった例ばかりを見てしまう可能性があります。そのため、**多方面か

らチェックすることが重要です。買い物であれば、☆5のレビューと☆1のレビューの双方を見比べるような視点を持ちましょう。

3 決断の前に距離を置く

いざ、**どちらかに決めるという段階で、瞑想する時間を10分挟むなど、意思決定を保留する時間**を取りましょう。もし「自分が避難勧告地域外に住んでいるとして、友人から相談されたときにどうするか?」など客観的に考えられる状況をイメージするのもいいでしょう。

4 誤りに備える

熟考を重ねても選択の結果に後悔することはあり得ます。**あらかじめ、「最悪の結果」と「最高の結果」を想定し、選択の結果がどのようになれば満足できるのか**をシミュレートしましょう。

その結果、「避難するのは手間がかかるが、最悪の結果になるくらいなら避難所に向かおう」「避難勧告が避難指示に変わったら、すぐに出られる準備をしておこう」「家族の居場所を確認しておき、集合場所だけは決めておこう」など、合理的な視点での選択基準を得ることができます。

「WRAP（ラップ）」の4つのステップを踏むメリットは、「正常性バイアス」や「ダニング＝クルーガー効果」から離れたところから、選択基準を立てられるようになる点です。

あなたの人生において重大と思われる選択を迫られたときは、このWRAPを思い出して、実践してみましょう。

それが結果的にバイアスの罠からあなたを救うことになります。

自分だけは大丈夫と思ってしまう正常性バイアス

正常性バイアス

災害などの危険が身に降りかかっているときに、「自分だけは大丈夫」と思ってしまうバイアス。

ここから抜け出すためには……

❶ 選択肢を広げる

「逃げる」「逃げない」の二択ではなく、「逃げる前にすべきこと」「判断のタイミング」など、選択肢を広げることが重要。

❷ 仮説の現実性を高める

「逃げなければどうなるか？」「今、逃げたらどうなるか？」などの仮説を立て、その行動をとったときのことをイメージする。

❸ 決断の前に距離を置く

瞑想をするなど、選択から一度離れるとバイアスから解放され、脳をフラットな状態に持って行ける。

❹ 誤りに備える

「最悪の結果」と「最高の結果」をシミュレート。❸で距離を置いたことで、より冷静な選択が可能となる。

落とし穴⑤

メモリーバイアス

子どもの頃は嫌いだった食べ物を大人になって食べてみたら、とても美味しかったという経験はありませんか？　こういった記憶のバイアスは、合理的な選択を難しくします。

５つ目の落とし穴は、「メモリーバイアス」です。
記憶バイアスとも呼ばれ、私たちの選択を誤らせてしまう原因となっています。先程紹介したサンクコストバイアス（⬇p１７６）は、過去に費やしたお金、時間、労力などにとらわれることで、未来の選択を誤ってしまうという現象でした。メモリーバイアスはそれによく似ていますが、とらわれるのは過去の記憶。それも**歪められた過去の記憶にとらわれることで、後悔する選択をしてしまう**というものです。

このメモリーバイアスについて、ハーバード大学で行われた実験があります。
地下鉄を使っている人を対象に「自分が電車を乗り過ごしたときのことを思い出してみてください」と質問してみました。すると、質問された人のほとんどが、自分にとって最悪の乗り過ごし経験を思い出し、そのエピソードを語ったのです。

乗り過ごした経験は何度もあるのに、改めて問われると「最悪の記憶」を呼び起こしてしまう。この機能は、元々人類が進化する過程で、災害や事故などの身の危険から守る防御としての役割を果たしてきました。特別なリスクに注意を払い、それらに敏感になり記憶に長く留めておけるよう、メモリーバイアスが発達したのです。

狩猟時代であれば、サーベルタイガーに襲われたという出来事をきちんと覚えておかなければ、自分や仲間たちが捕食されてしまいます。こうした記憶の積み重ねから、**私たちの脳には嫌な記憶ほど強く残りやすくなっている**のです。

問題は自然界では有益に働いていたメモリーバイアスが、現代の人間社会ではあまり役に立たないことです。例えば、何かネガティブな事態が起きる直前に会っていた人のことは、「この人と会うと嫌なことが起きる」と記憶されてしまいます。あるいは、仕事で大きなミスをした場所に行くと、「また失敗するのではないか?」と不安になってしまいます。

悪い体験は、よい体験よりも強力で、メモリーバイアスはこうした因果関係のない2つの要素を結び付け、未来に向けた選択に影響を及ぼすのです。

記憶の日記をつけることで、メモリーバイアスの罠を遠ざける

こうしたメモリーバイアスに惑わされないために、ハーバード大学の研究チームは2つの対策を提案しています。

1つ目は、自分が**「過去の最高の体験」または「過去の最悪の体験」のどちらかしか思い出していないのではないか？　と疑ってみる**ことです。

意識的に1つ以上の体験を思い出し、できるだけ記憶を平均化するように努めること。これは他のバイアスへの対策とも共通する方法で、サンプルを増やし、客観視していきましょうというアドバイスです。

2つ目は、**記憶に関する日記をつける方法。**

日記帳でも、スケジュール帳でも、Googleスケジュールのようなオンライン上のサービスでもかまいません。そこに毎日の記憶を箇条書きにしてメモしていきましょう。嫌な記憶、嬉しい記憶、覚えておきたい小さな出来事。ネガティブだったりポジティブだったりする両極端な記憶だけでなく、**小さな気づきも箇条書きにしていくことで、記憶の平均化が進みます。**

何よりもよいのが、日記を見返すことで「まあまあだった記憶」なども思い返せることです。色んな記憶を具体的に思い返すことで、同じような問題が起こった際に最悪だったとき、まあまあだったとき、そんなに気にならなかったときのサンプルが並びます。

そうなったらしめたもの。メモリーバイアスによって引き起こされた最悪の記憶にとらわれた状態から、自分を解放することができるはずです。

私の場合、毎日その日に悩んだことをGoogleスケジュールに書き残すようにしています。すると、以前の悩みと見比べることができ、「今日の悩みなんてたいしたことないじゃん」と思えるようになります。

嫌な記憶にとらわれない方法

例えば、あなたが交通事故にあって負のメモリーバイアスを抱えてしまった場合、以下のような2つのことを行うとバイアスから逃れられます。

1 さまざまな記憶を思い起こす

楽しかったことやうれしかったことなど、ポジティブな記憶を呼び起こすことで負のメモリーバイアスの影響が弱まる。

2 ノートをつける

ノートに記入することで、詳細な記憶を呼び起こすことができ、負のメモリーバイアスの影響がさらに弱まる。

Let's try

やってみよう

04

バイアスを避けるためのトレーニング

効果

効率性アップ	★★★
客観性アップ	★★★★★

選択の落とし穴となるバイアスを避けるために有効なテクニックです。

RULE 1

楽観バイアス（計画錯誤）の回避法

「このくらいの作業ならこのくらいで終わるな…」と、大体の予定を立てるために必要な時間を推定するとき、本文で紹介したようにバイアスがかかり、時間を軽く見積もる計画錯誤が起きがちです。

そこで、常に「見積もりは2回」というルールを設け、実践していきましょう。

Point

1度目の見積もりから2度目の見積もりまで、時間をあけること。いったん仮決めしたら、1時間ほど間を開けて再度見積もります。すると、バイアスによる歪みに気づくことができるようになるのです。

RULE 2 確証バイアスの回避法

自分の直感や多数派の意見に疑いを持つこと、複数のサンプルを持つことなど、本文でもいくつか紹介しましたが、以下の方法も有効です。

Ⓐ**先入観の原因を探る**……自分の嫌いな人、苦手なものなど、その原因を探ってみましょう。すると、意外と些細なことがきっかけで嫌いになった場合が多いものです。「あの人（物）そのものが嫌」という意識を払拭し、その原因に絞った対策を取ることで、先入観が克服できるようになります。

Ⓑ**体験する**……子どもの頃から苦手意識があって食べられなかった食べ物が、大人になってから食べたら美味しかったというのと一緒で、苦手だと思っていても一度飛び込んでみると、意外に簡単に克服できることは多いです。

まとめ

これらのテクニックは客観性を高めるため、あらゆるバイアスの対処法にもなります。ぜひ試してみてください。

第5章

「後悔しない選択」をするトレーニング

ここまで「後悔しない選択」の
ためのさまざまな知識を
学んできました。
あとは実際に、何を行うかです。
自分のペースで構いません。
これから紹介するトレーニングで
「選択する力」を鈍らせる
不安やストレスを
上手くコントロールする力を
身につけていきましょう。

introduction

「後悔しない選択」のための5つのトレーニング

「後悔しない選択」をするためには、訓練も必要です。ただし、それほど難しいものではありません。大切なのはすぐに成果を出すことではなく、継続することです。焦らず、少しずつ成長していきましょう。

私が尊敬している投資の神様、ウォーレン・バフェットは数々の名言を残しています。その中でもお気に入りの1つに、こんな言葉があります。

「自分の力で考えなかったら投資は成功しない」

「みんなが選んでいるから自分も選ぼう」という発想では、成功できないというメッセージです。

株式投資で言えば、みんなが買っている銘柄はすでにずいぶん高値になっています。高値で、みんなが買っているから安心できると「買い」を選択するなら、あなたは遠からず損失を出すことになります。

なぜなら、買った時点でその銘柄は実力以上の値になっている可能性が高く、いずれその企業の実力に見合った値に株価は落ち着いていくからです。

だからバフェットの言うように、投資で成功したいならどの銘柄を選択するか自分の頭で考えるしかないのです。

言うまでもなく、**人生における成功も同様です。周囲の考えに流されず、感情をコントロールして自ら判断を下す**こと。

自分の冴えた頭で考えてこそ、人の一歩先を行き成功を掴むことができるのです。

5章ではこれまでの解説を踏まえ、より「選択する力」を高めるための5つの訓練方法を紹介します。

キーワードは、以下の5つです。

1 感情知性
2 1日再構成法
3 トーナメント方式
4 プチ断食
5 コアバリューノート

いずれもあなたの感情の動きに注目し、不安やストレスをうまくコントロールすることで選択力を上げていこうというアプローチです。

これから紹介する訓練方法には、従来の心理学や行動経済学の定説を覆すような取り組みも含まれていますが、だからこそオリジナリティがあるとも言えます。

重要なのは頭ごなしに否定するのではなく、勇気を持ってまずは取り組んでみること。やってみないことには、何も得られません。

その結果、もし自分には合わないと感じたら、これから紹介するすべてのトレーニングを継続的に実践する必要はありません。

5つのうち、1つや2つの訓練方法を続けるだけでも、十分に効果は得られます。

あなたも私が実際に取り入れている訓練法を通じて、後悔しない選択をする力をより一層磨いていってください。

トレーニング①

感情を操る

同じ出来事に直面しても、表れる感情には個人差があります。また、訓練次第で感情の扱いが上手になるため、冷静さを失いそうな場面でも合理的な選択ができるようになります。

近年、**「後悔しない選択」をする能力を上げるために役立つと注目されているのが、「感情知性」**です。自分や他人の感情を把握したり、自分の感情をコントロールしたりする能力で、エモーショナルインテリジェンス（ＥＩ）とも呼ばれます。遺伝的な要素の強いＩＱとは異なり生まれ持っての才能ではなく、後天的な訓練によって身につけることができます。

ちなみに、感情知性の概念が初めて提唱されたのは、１９９０年にピーター・サロベイ博士とジョン・メイヤー博士という2人の心理学者が発表した論文でした。

その後、１９９６年に心理学者のダニエル・ゴールマンが著書『ＥＱ』で「こころの知能指数」として紹介したため、日本ではエモーショナルインテリジェンス＝ＥＱと表記されがちですが、英語圏ではＥＩが一般的です。

なぜ、感情知性が高い人は後悔しない選択ができるのでしょうか？

イエール大学では、感情知性に関するこんな実験が行われています。

まず、研究者たちは、被験者に「20分間、１００人の前でのスピーチ」を行うように指示しました。ただし、このスピーチは実際には行われません。研究者たちの狙いは、被験者たちに「人前でスピーチをしなくちゃいけない」という緊張と不安を抱いてもらうことにあります。一種のドッキリです。

その後、被験者にさまざまな選択を迫ります。

例えば、「インフルエンザのワクチン注射を打ちますか？」「健康に気をつけるために運動をしますか？」など、した方がいいけれど、いざ行うとなると面倒な選択について質問していくのです。

今まで説明してきたとおり、**私たちは緊張と不安を抱いていると、合理的な選択ができなくなります。**

当然、「人前でのスピーチ」というプレッシャーを受けた状況下では、インフルエンザのワクチンも、健康のための運動も面倒なものとして処理され、「打たない」「やらない」という選択になりがちです。

ところが、イエール大学の研究チームの実験では、感情知性の高い人のグループの66％が「インフルエンザのワクチンを打つ」と答えたのです。

一方、感情知性の低い人のグループは7％しか「インフルエンザのワクチンを打つ」という選択をしませんでした。

つまり、**感情知性が高いと他人の感情を客観的に分析した上で自分の感情もコントロールできるため、プレッシャーを受けた状況下でも合理的な選択ができる**のです。また、研究チームは感情知性を高めることができれば、緊張や不安を感じるストレスフルな状況でも、後悔しない選択をする能力が保てる可能性を指摘しています。

あなたは自分の感情をどこまで詳しく表現できる？

では、どうすれば感情知性を上げることができるのでしょうか？

科学的根拠のある方法は2つです。

1つは**瞑想**です。これは瞑想によって緊張や不安、ストレスを客観視し、感情をコントロールできるようになります。

3章で紹介した瞑想法「数息観（↓p142）」、4章で紹介した「マインドフルネス瞑想（↓p181）」、広義には4章で紹介した「エモーショナル・ディスクロージャー（↓p164）」もこれに含まれます。

もう1つは、**感情の粒度《りゅうど》を上げていくトレーニング**です。

ここで言う**「感情の粒度《りゅうど》」とは、「自分の感情をどこまで詳しく表現できるか？」**ということ。感情知性が低く不安やストレスに弱い人は、この「感情の粒度《りゅうど》」が低く、最悪な気分のときに何がどう最悪なのかを表現できなかったりします。他人の感情の機微を把握するのも苦手なため、自分の感情も他人の感情もよくわからないまま、衝動的な行動、選択をしてしまうのです。

例えば、以下のようなイメージです。

粒度《りゅうど》が低い……「気分がいい！」「気分が悪い！」の二択ですべてを表現

粒度《りゅうど》が高い……「秋晴れの青空みたいに気分がいい」「二日酔いの朝並みに気分が悪い」

満ち足りた気分は「幸せ」、「心地よい」など、さまざまな表現で表すことができます。

逆の感情にも「頭にきた」「悩んでいる」など、言い回しがいくつもあります。

このように**自分の感情をより正確にカテゴライズし、表現することが「感情の粒度《りゅうど》」**

理不尽なクレームで見る感情粒度の違い

粒度が低い人の場合

粒度が低いとクレームに対して、「マジでむかつく」と苛立ってしまい衝動的で短絡的な行動を取る。

→「後悔する選択」を取ってしまう

粒度が高い人の場合

粒度が高い人は、理不尽な要求に腹が立っていることが自覚できている。自分の感情を明確に把握しているため適切に対処できる。

→「後悔しない選択」を取る

を上げることにつながります。そして、「感情の粒《りゅう》度《ど》」が上がると感情を把握しコントロールできるようになるので、衝動的に行動して後悔するような事態を避けることができるのです。

実際、心理学の研究では**「感情の粒《りゅう》度《ど》」が高い人は、そうでない人にくらべて30%も感情のコントロールが得意**なことがわかっています。ストレスが大きい状況でも飲酒などに逃げず、自分を傷つけた相手に攻撃的な対応を取らないのです。逆に、「感情の粒《りゅう》度《ど》」の低い人はすぐ「ムカつく」とキレてしまい、小さなつまずきだったとしても最悪な気分のまま選択してしまうので、後悔することが多いのです。

感情知性を高める外国語学習

「感情の粒《りゅう》度《ど》」を上げ、感情知性を高めるには、外国語を学ぶという方法もあります。外国語には、日本語にない感情表現の言葉がたくさんあり、それを学ぶと新たな感情が言語化できるので、感情のコントロールがしやすくなるのです。

例えば、ドイツ語でシャーデンフロイデは、「他人の不幸を噛みしめる」ときの言葉です。また、ハンガリー語では、「この人は初対面なのにいい人だ！」と思ったときの感情を「シンパティクシュ」と言います。

外国語を学び、新たな感情表現の言語を手に入れると、感情の粒度《りゅうど》はグッと上がっていきます。

「ムカつく」「サイアク」と直観的に反応し、短絡的な選択となってしまいそうなとき、学んでいる外国語に感情を翻訳しようとすると、自分の中で感情が客観化されます。

また、私たちの脳は、後天的に学んだ第二言語で何かを表現しようとすると、じっくりと考える態勢になるのです。

感情知性を高めることは、さまざまな選択の場面ばかりでなく、人との関わりも円満にしてくれます。

日常生活のさまざまな局面で「感情の粒度《りゅうど》」を上げるトレーニングを行い、これまで以上に感情知性を高めていきましょう。

トレーニング②

「1日再構成法」で幸福な選択を見極める

人間は意外と忘れっぽいものです。日々の暮らしの中でも、何に興味を持ったか、満足したのかなど、すぐに忘れてしまいます。それらを記録することで、よりよい選択ができるようになります。

続いて紹介するトレーニングは「1日再構成法」というトレーニング法です。

これはロンドン・スクール・オブ・エコノミクスの行動科学教授であるポール・ドーランという経済学者が提唱した方法で、「幸せな選択をするにはどうしたらいいのか」という研究をまとめたもの。

簡単に言うと、**1日のうちに行った選択の中で、自分が本当に幸せを感じた選択はどれだったのかを記録し続ける方法**です。

ドーラン教授は、「人間の幸せは自分の注意を何にどう割り振るかで決まる」と言っています。どこに注意を向けるかが選択を左右し、本人が幸せになるかどうかを決めていくという考え方です。

注意とは限りのある資源のようなもの。「少ないものほど価値がある」というのは経営学の基本理論ですが、注意という希少なものをどのように割り振っていくかが大切なのです。

ところが、今の私たちの暮らしには注意を奪う情報や刺激が多過ぎます。結果、価値があるものに注意がいかないまま、通り過ぎてしまうことが多々あります。

裏を返せば、**自分にとって何が価値ある選択だったのかを見返すことで、「後悔しない選択」をするために何に注意を払えばいいかわかるようになります。**

つまり、「1日再構成法」は、あなたを幸せに導く「選択する力」を磨くためのトレーニングなのです。

例えばあなたが仕事のあと、「同僚とお酒を飲みに行く」という行動を選択したとしましょう。**「1日再構成法」では、1日の終わりに自分の選択によって起きた出来事を、次の項目を満たすように記録します。**

1 開始時刻
2 終了時刻
3 やっていたことの内容
4 誰とやっていたか
5 得られた快楽はどの程度だったか（1~10点で採点と寸評）
6 感じたやりがいはどの程度だったか（1~10点で採点と寸評）

もし、「同僚とお酒を飲み行く」という場合であれば……。

1 20時00分
2 22時30分
3 居酒屋で上司の愚痴を肴に酒を飲んだ
4 同僚のA、B、Cと4人で
5 5点　最近あった上司の理不尽な振る舞いを愚痴って少しすっきり
6 2点　家で英会話の勉強でもしていた方がよかったなと思った

このように自分が1日の間にどんな選択をし、どう感じたかを記録していきます。**ポイントは「快楽」と「やりがい」を分けて評価していくところ。**快楽は衝動的な視点で、やりがいは建設的な視点になります。もちろん、快楽を重視するのがダメで、やりがいだけを求めるのがいいというわけではありません。**どちらもバランスよく揃っているのが理想です。快楽だけの選択はいずれ虚しくなりますし、やりがいだけの選択は人生を息苦しくさせます。**実際に両方の視点から分析して書き出すことで、客観的に自分が取るべき選択がわかるようになります。そうすることで自然と「快楽」と「やりがい」のどちらにどのくらい注意を払うべきかわかるようになるのです。

「1日再構成法」で大事なのは、続けること。約2か月記録をつければ、あなたが本当に幸せを感じる選択はどんなものか？　そのためには何に注意を払うべきか？　が見えてきます。

今日1日の過ごし方を確認し、選択の精度を高めていく

私も一時期この「1日再構成法」を実践していました。その際に使っていたのは、Googleスケジュールです。普段から私はGoogleスケジュールに2週間単位でやるべきことをなるべく正確に書き込み、かかった時間、感じたことをあと書きしています。

1週間ではなく、2週間単位で管理しているのは、短期・中期・長期の目標に対して自分がどんな働きかけをしているのか、ひと目で確認できるようにすることで、俯瞰的に見ることができるからです。

私はこの「1日再構成法」に自分なりのアレンジを加えました。

元々、私のGoogleスケジュール上には、「1日再構成法」で提示されている6つの項目が入っていましたが、私は選択後の出来事の満足度をより正確に把握するため、**もう1つ項目を加えたのです。**

それは、「その予定を組んだときに感じていた期待感の評価」です。

例えば、「朝、ジムに行く」という選択をしたとき、ジムに向かう前の期待感を評価し、終わったあとの快楽、得られたやりがいの点数と比較します。

「毎日のルーティンだし、めんどくさい……」という気分で期待感「3」だった。しかし、体を動かしてみると頭もすっきりして気持ちよく、快楽は「7」。その後の仕事の作業効率はよくなったので、やりがいは「8」といった具合です。

この場合「朝、ジムに行く」という選択は私にとって幸福なチョイスで「後悔しない選択」だったことになります。

この要領で記録をつけ、定期的に見返すと選択時に気をつけるべきポイントが見えてきます。

例えば、「すごい社長が来るからと誘われ、知人と食事に行く」は期待感「8」だったものの、行ってみたら食事はいまいちで快楽は「2」。社長は自慢ばかりでやりたくもないパフォーマンスもやらされ、やりがいは「1」。結果、「しばらくその知人からの誘いはスルーしてもいいかな」となる場合もあります。

また、「仕事の合間に時間ができたので、大型書店に立ち寄った」は期待感「5」で、最近はKindleばかりだったのでワクワクしたから快楽は「7」。思わぬ掘り出し物の洋書が見つかったので、やりがいは「9」。結果、「やっぱり大型書店は楽しいから、時間を作ってでも行くべきだ」となる場合もあります。

正直なところ、最初は心理的な抵抗もありました。しかし、**実践してみると期待感を上回るリターンがある場合もあれば、逆もあることがわかってきます。**

その繰り返しを記録することで、自分にとって幸せなことを選択できる注意力が磨かれていくのです。

本当に幸せな選択がわかる　DaiGo流 一日再構成法

① 事後に記入すべきこと

出来事に対して右記の項目を記入する。習慣化させるのが選択力を上げるポイント。

- 開始時刻
- 終了時刻
- やっていた内容
- 誰とやっていたか
- 快楽（10点満点）
- やりがい（10点満点）

② 期待感は事前に記入

①に期待感を加えるのがDaiGoならではの一日再構成法。必ず事前に記入する。

DaiGoオリジナル要素

知人と飲み会
↓
期待感８

③ 事後との比較をする

期待感は高評価だったが、実際は飲み会で自慢話につき合わされ低評価といった具合に。

期待感８
快楽３
やりがい２

④ 定期的に見直す

定期的に評価を見直すことで、本当に幸せな選択かどうかが浮き彫りになってくる。

内容	期待	快楽	やりがい
友人と飲み会	9	5	3
友人のパーティー	10	3	2
会社の勉強会	8	6	6

⑤ 選択力が身につく

選択のよし悪しがひと目でわかる。また、選択を振り返ることで次の選択が明確になる。

トレーニング③

トーナメント方式で脳の負担を減らす

複数の選択肢の中から選択しなければならないとき、1つ1つの選択肢を頭の中で並べて精査し、選択していくのは骨が折れます。そんなときに有効な、頭のトレーニングを紹介します。

次に紹介するのは、実際に複数の選択肢が目の前にあるとき、「後悔しない選択」をするためのトレーニングです。

3章でコロンビア大学のシーナ・アイエンガー教授の24種類のジャムの実験に触れ、多過ぎる選択肢が私たちから意思決定力を奪い、選択できない状態にさせることを解説しました（⬇p125）。

私たちはAとBとCのどれにするという三択程度ならば迷うことなく選ぶことができます。ところが、**10種類、20種類という選択肢が目の前に現れると、現状維持の法則が働き、脳の考える負担を減らすためにいつもと同じ選択肢を選んでしまう**のです。

その背景には、2つの心理が働いています。

1 選択に対する無力感……あまりにも多くの選択肢があると、判断が及ばず無力感を感じる

2 選択後の不満足感……無力感に打ち勝って決断を下したとしても、選択肢が多いと選択肢が少ない場合と比べて自分が選んだ選択肢への満足度が下がる

この傾向は、あなたがシャンプーなどの生活用品や毎年何十という新製品が登場する清涼飲料水を選ぶときのことを思い返してもらえると、納得する部分があるはずです。ドラッグストアの売場には何種類ものシャンプーが並んでいます。新商品もどんどん登場していますが、真っ先に目に入るのはいつも使っているシャンプーのはずです。いつから使っているかと言えば、実家で使っていた商品をそのまま選んでいるケースもあるのではないでしょうか。

機能的には今使っているものよりも優れたシャンプーが登場しているかもしれません。そして、それをアピールをするテレビCMも目にしているはずです。**それでもいざ選ぶとなると、「同じでいいか」となってしまうものです。**

たしかに、シャンプーや清涼飲料水選びならば、「同じでいいか」で大きなトラブルは起きません。しかし、より重要な人生に関わるような選択のとき、**選択肢が多過ぎるからといっていつもの選択肢で妥協してしまうと、それは後悔する選択になる可能性があります。**

では、そんなときどうすればいいのでしょうか？

2015年にジョージア大学が「選択肢が多過ぎるときに最良の選択をする方法」について調べた研究があります。

研究チームは、クルマ、家、スマートフォンをそれぞれ16種類ずつ用意。被験者たちに以下の3パターンの方法を提示して、選択してもらいました。

1 **同時選択方式**……16種類の中から一気に好きなものを選ぶ

2 **連続消去方式**……16種類の中からランダムに4種類を選び、その中から1つだけ好きなものを選択。その後、残りの選択肢からまた4種類を選ぶ、1つだけに絞るという作業をくり返す

3 **トーナメント方式**……16種類の選択肢をランダムに4グループに分け、トーナメント方式で2つのものを比較し、勝ち負けを決め、最後の1つに絞り込んでいく

結果は、クルマ、家、スマートフォンのどの選択肢に関しても、**トーナメント方式を使った方が満足度の高い選択になったのです。**

勝ち抜きトーナメント方式で「後悔しない選択」が可能に

多数の選択肢を前にしたとき、ゲーム感覚で選択肢同士を対決させ、勝ち残りを決めていく。子どもの頃のごっこ遊びに近い感覚ですが、日常のさまざまなシーンで応用可能です。

トーナメント方式の具体的な進め方について、もう少し詳しく説明しておきます。

1 16種類の選択肢を、ランダムに4種類ずつ4つのグループに分ける

2 それぞれのグループの中で、ランダムに選んだ2つを比較し、「これがベスト!」と思える1つを選ぶ

3 残った2つからも1つ選び、②で選んだものと比較。さらに1つ選ぶ

4 勝ち残った4種類をランダムに2つのグループに分ける

5 準決勝として2種類を比較し、「こちらがいい」と思えるものを選ぶ

6 最後に残った2種類で決勝を行い、1つを選ぶ

勝ち抜きトーナメントで後悔しない選択に

① 16種類の選択肢を４つのグループに分ける

第１グループ	第２グループ	第３グループ	第４グループ
リンゴ	ミカン	オレンジ	ライチ
バナナ	メロン	桃	スイカ
イチゴ	スモモ	パイナップル	パパイア
キウイ	ブドウ	レモン	プルーン

②〜③ それぞれのグループで予選を行い４種を選ぶ

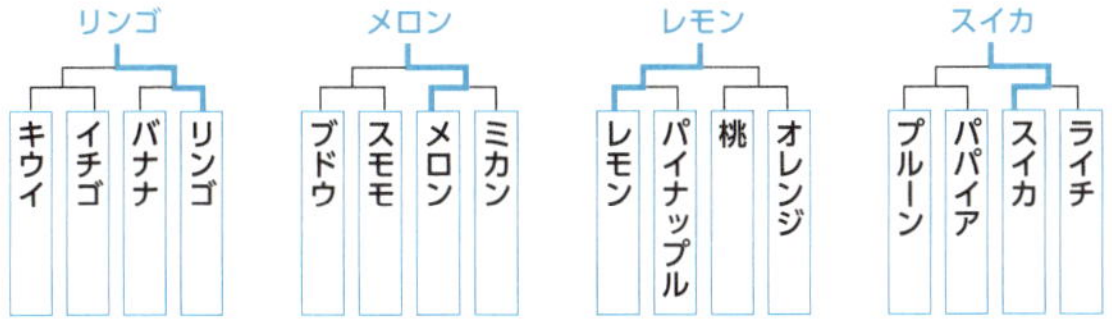

④〜⑤ 勝ち残った４種で準決勝を行う

⑥ 決勝を行う

最終的に残ったものが、合理的な選択。

「選択肢が多くなるほど、人は不幸になる」と指摘した社会心理学者のバリー・シュワルツ博士は、「普通の人が最高の選択をする方法は？」という質問に対して、「第一に、『最高』の選択肢を探すのを止めてください。そのかわりに『十分』な選択肢を探すのです」と答えています。

十分な選択肢とは、「これで満足だ」と自分自身が思える選択肢のことです。

トーナメント方式は選択肢の数を減らし2つを比較するため、どちらが十分な選択肢かをスムーズに判断することができます。

私たちの脳は、何かを選ばなければいけないとき、大量の情報を処理しています。十数種類の選択肢の意味をすべて理解した上で、さらに最良、最高はどれかと決めるという処理を行うのはキャパシティをオーバーしているのです。

だからこそ、選択肢の山を細かくし、脳の負担を減らしてくれるトーナメント方式には効果があります。

また、**2つから1つ、2つから1つとシンプルな選択を繰り返すので、「選択のパラドックス」を避けることもできます。**

選択のパラドックスとは選択肢が多くなると、「選ばなかった選択肢の方がよかったのではないかと後悔する」、「完璧な選択肢があるはずだと期待値が増大してしまう」といった心理に陥ることです。

日々のランチ、休日の過ごし方、仕事での意思決定など、日常的な選択の場面で、このトーナメント方式を実践してみましょう。それがトレーニングとなって、重大な決定を迫られたときでも、複数の選択肢を前にして迷わず、後悔しない選択肢をチョイスできるようになります。

トレーニング④

あえて空腹にすることで選択力を上げる

感情だけでなく、体の状態によっても思考にバイアスがかかることがあります。人間はどんなとき一番冷静に思考できるのかを理解し、その状態を維持するトレーニングを重ねていきましょう。

4章の「プロジェクションバイアス（⬇p166）」の項で、空腹時に買い物すると、あれもこれも食べたいとなって買い過ぎてしまうことを紹介しました。このように「空腹か／満腹か」は人間の選択に大きな影響を与えますが、じつは、**「後悔しない選択をする」ということに関しては、適度な空腹状態の方が判断力が高くなると、最近の研究によってわかってきたのです。**

以下は、オランダのユトレヒト大学のチームが行った研究です。

彼らは集めた被験者を2つのグループに分けました。そして、一方のグループは23時から朝まで断食をしてもらい、もう一方のグループは同じように断食をしたあとにたっぷり朝食を食べてもらってから「アイオワ・ギャンブリング課題」にチャレンジしてもらいました。

「アイオワ・ギャンブリング課題」とは、アタリとハズレが入っているカードの山を4組（A、B、C、D）用意し、被験者にカードを引いてもらうというもの。アタリのカードはいずれの山にも一定の割合で入っています。

ただし、AとBはアタリを引いたときの報酬が高額で、ハズレを引いたときの罰金も高額。一方、CとDのアタリの報酬は少額ですが、ハズレを引いたときの罰金も少額です。最終的には、CとDからカードを引き続けた方が儲かる仕組みになっていますが、被験者にはそのルールは知らされていません。

つまり、途中で「CとDを選んだ方が得だ」ということに気づき、目先の利益が大きそうに見えるAとBを選択肢から外せるかどうかがカギとなります。

結果は、空腹状態の被験者のグループの方が、有利な選択をするというものでした。従来は空腹で気持ちが高ぶっているときは、非合理的な意思決定をしやすいと考えられていました。しかし、ユトレヒト大学の研究チームによって、適度な空腹感によって感情の機能が高まった状態の方が、不確かな状況における複雑な選択は上手くいくことが判明したのです。

では、適度な空腹を作るためにはどうしたらいいのでしょうか？

おすすめしたいのが、私も実践している日常的なプチ断食です。これは後悔しない選択をするためのトレーニングにもなります。男性で1日およそ14時間、女性の場合はもう少し緩やかに1日およそ12時間、何も食べない時間を作るという方法です。

プチ断食で選択力が高まる、ほどよい空腹状態を作っていく

断食時間には睡眠時間も含まれます。OECD（経済協力開発機構）が世界29カ国の15～64歳を対象に2014年に行った調査によると、日本人の平均睡眠時間は7時間43分。それを約8時間と見なすと、男性ならば起きている間の6時間、女性なら4時間を何も食べない断食時間に当てるのです。

一般的なビジネスマンの男性であれば、こんなスケジュールがおすすめです。

1 起床
2 7時～8時に朝ごはんを食べる
3 昼ごはんを抜く
4 14時～15時に軽く間食を摂る
5 18時～20時の間に夜ご飯を食べる
6 23時～0時までに就寝

ポイントは3つあります。

1つ目は朝ごはんを軽めにすること

2つ目は昼ごはんを抜き、男性なら8時間、女性なら6時間の断食時間を取ること

3つ目は14時～15時（おやつタイム）に軽く間食を取ること

このサイクルなら働きながらでも、無理なくプチ断食を実行することができます。そして、朝ごはんを軽めにし昼ごはんを抜くことで、適度な空腹状態の時間が長くなり、高い判断力をキープすることができるのです。

というのも、人間の脳は満腹になると働きが鈍くなります。

あなたも経験したことがあるかもしれませんが、ランチタイムにラーメン＋チャーハン、パスタ＋パンのような炭水化物中心の重めの食事をした場合、午後一からぼーっとしてしまいます。これは食事をしたあと、私たちの体では食べたものを消化するため消化器系に血液が集中し、脳への血流が減ってしまうからです。

多くの人はランチタイムに昼ごはんを食べエネルギーを補給する代わりに、午後の時間帯の判断力を低下させているのです。

ちなみに、私の場合は以下のようなプチ断食を実践しています。

1. 起床
2. 朝食は抜いて15時まではカロリーのあるものは口にしない
3. 15時〜16時の間に食事
4. 19時〜23時の間に食事
5. 就寝

ポイントは深夜から15時までカロリーのあるものはいっさい口にしないこと。コーヒーやお茶、水、炭酸水は飲みます。また、サプリも飲みます。

ただし、朝食は抜き、昼食もいわゆるランチタイムには摂りません。

その後、15時〜16時に軽いランチを摂り、夜は特にカロリー制限なく食べ、お酒も飲みます。だいたい23時までには食事を終え、その後は翌日の15時まで何も口にしません。こうすることで14〜16時間の断食を行っています。

断食というと「お腹が空いて難しそう…」と思うかもしれません。とはいえ、一食抜くだけでも効果はあります。

こうして作られる**ほどよい空腹状態は、判断能力、選択力を上げるだけでなく、老化を防ぐ効果もあります。**カロリーの摂取を減らすことで成長ホルモンの分泌が活発になり、肌が若く見える他、筋肉量も増えていくからです。

また、集中力が高まる効果もあります。

通常の1日3食の食事の場合、血糖値が大きく上下動します。なぜなら、血糖値が上がることを予測して体がインシュリンを大量に放出し、食べ終わった瞬間に血糖値がポンっと下がるからです。

食事のあとに眠くなるのは血糖値が上がったからではなく、それを抑えようとしてインシュリンが大量に出ているから。これも食事の回数を減らすことで改善され、血糖値の上下動によるぼーっとする状態がなくなるわけです。

判断力を高めるために自分に合った食事の仕方を考えてみましょう。自らほどよい空腹状態を作り出すことで、選択力を高めることができるのです。

私の場合は、8~10時間の間に十分な栄養を摂り、残りの時間をほどよい空腹状態で過ごす。それが心身ともにバランスの取れた状態を実現してくれるのです。

DaiGo流“プチ断食”で選択力アップ

プチ断食

睡眠時間を含めた約14時間の断食

18時頃から翌7時頃までカロリーは摂取しない。夕食はカロリー制限なく食べ、お酒を飲んでも構わない。昼食を抜く事で集中力も増す。

こんな断食も

1日1食抜き断食

朝、昼、晩のどれか1食を削る

朝、昼、晩のどれかを抜く断食。朝起きるのが遅い人は朝食、日中忙しい人は昼食など、ライフスタイルに合わせて、やりやすい時間を選ぶのが効果的。

週末断食

土曜12時〜翌12時までは我慢

週末の土曜日12時〜翌日曜日の12時までの24時間の断食。一般的に働いているときよりも消費カロリーが少ないこともあり、チャレンジしやすい。

トレーニング⑤

コアバリューノートで何が大事かを把握する

自分にとって何が大事かを見失ったとき、私たちは誤った選択をしてしまいがちです。そうならないために、思考を整理して、自分の大事なことを探っていくトレーニングを紹介します。

これから紹介する**「コアバリューノート」とは、日記形式で毎日あなたが大切にしている価値観をノートに書き出すというもの。**コアバリュー（自分にとって大切なこと）を意識することによって、目先の利益ではなく長期的な視点から物事を選択できるようになります。

まず、自分が人生で大切にしていきたいことを１つ書き出します。


「穏やかな気持ちで毎日を過ごしていきたい」

「子どもを幸せにしたい」

「充実した仕事をしたい」

「いつでも好きなものが食べられるくらいのお金持ちになりたい」

「自由に旅する時間を持ちたい」

……などが挙げられると思います。


ちなみに、私の場合は「知識の最大化」、すなわち可能な限り多くの知識を得ることです。得た知識を人に伝え貢献したいとも思っています。

あなたにとっては何でしょうか？

ノートの一番上にコアバリューを書き出したら、その下に**その日の出来事で「充実していたな」「うれしかったな」「楽しかったな」という感覚を得た「3つの出来事」**を書き出します。箇条書きでかまいません。そして、最後に**「その日、人生で大切にしていきたいことのために取った選択と行動」を書きます。**

ある日の私の場合は、こんな感じです。

▼3つの出来事

「ニコ生の放送用に資料を集めていたら、意外な研究データが見つかった」

「予約が取れないと噂のお店からキャンセルが出たと連絡が来た」

「ぬこ様（飼い猫）に癒やされた」

▼その日、人生で大切にしてきたいことのために取った選択と行動

「見つかった研究データと論文を読み込んだ。知識を広げることができた」

「3つの出来事」を書き出すことで、自分のコアバリューと自分の感性に齟齬がないかチェックします。噛み合わないときにはコアバリューを再設定するようにしましょう。

そして「コアバリューのために取った選択と行動」を書き出すことで、コアバリューを実現するための合理的な行動が取れているかを確かめるのです。

このように**コアバリューノートをつけていくことで、自分にとって最も大事なことが意識できるようになり、選択時の基準が確立されます。**

例えば、あなたがフリーランスで働いていて、お子さんと過ごす時間がコアバリューだとします。コアバリューノートをつけていると、新たな仕事の発注を受けるか、受けないかという状況で、「ギャラはいいけれど、他の仕事も詰まっていて娘と過ごす時間を犠牲にしなければならない」「コアバリューと照らし合わせると、引き受けるべきではない」といった形で決断することができるようになります。

あるいは、あなたが会社員で「外資系企業への転職」をコアバリューとしているなら、同僚からのアフター5の飲み会の誘いに対して「語学の勉強時間に当てたい」と断ったり、「今日は海外からの研修生も来るらしいから」と参加したりと、迷うことなく選択することができます。

つまり、**何が自分の人生のコアバリューかを常に意識することで、感情的な判断に流されることがなくなり、後悔しない選択ができるようになる**のです。

お金と時間の欠乏が、自分にとって本当に大事なものを見失わせる

コアバリューの重要性は、貧困問題の研究からも浮かび上がってきます。

ハーバード大学のセンディル・ムッライナタン教授による2004年の研究では、インドの貧しい農家500世帯を対象にIQ調査が実施されました。

調査の狙いは、貧困が「選択する力」に与える影響を調べることでした。

調査の対象となったのは、サトウキビを主な農作物として育てていて、収穫後の入金が遅れればすぐに生活が困窮し、生活必需品を質に入れるような経済状態の農家。そんな農家500世帯に時期を分け、IQテストが実施されました。

すると、サトウキビの収穫前でお金がないときと収穫後で金銭的に多少の余裕があるときを比べると、同じ人のIQのポイントに大きな差が出ました。お金に心配があるときは、9~10ポイントも低くなったのです。

お金の心配は脳の処理能力を著しく下げます。困窮しているときは、徹夜後の状態の80%程度しか働きません。ですから、お金の心配のある人は、常に徹夜明けの状態で物

事に向き合っている状態だと言えます。その結果、**お金の心配がある人ほど、貧困から抜け出すための判断ができなくなっていくのです。**当然、自分のコアバリューについて考える心理的余裕もありません。こうなると選択に関して不幸な負のスパイラルが始まります。

貧しいにも関わらず、ギャンブルなど無駄なことにお金を使ってしまい、借金が増す。さらに判断能力が下がりギャンブルで解決しようとしてしまう。誰がどう見ても、その繰り返しでは生活がより苦しくなるのがわかるのに、本人だけは脳の機能が下がっているため間違った選択を繰り返してしまうのです。

貧困状態にあると判断を誤りやすくなり、周りからの評価も下がっていきます。「怠けているから、お金がないんじゃないの？」という自己責任論にも晒されます。

しかし、**貧困状態の人に問題があるのではなく、貧困そのものが判断能力、選択力を低下させている場合もある**のです。

欠乏によるマイナスの影響はお金だけに限りません。そろそろ結婚しないといけないと焦っている人が、どう見ても結婚に向かない異性を選んでしまうのは、**時間的余裕に**

対する欠乏感から思考に圧力がかかっている可能性があります。

こうしたとき、脳内でどんなことが起きているのか調べたデータもあります。

調査に使われたのは、ＴＭＳ（Transcranial magnetic stimulation）という脳に強力な磁力を当てて一部を麻痺させる医療機器です。

例えば、ＴＭＳで前頭葉の前頭前皮質の機能を止めると、被験者は目の前の小さな利益を優先するようになります。「今、10ポンドもらうのと、1週間後に20ポンドもらうのとどちらがいいですか？」と聞くと、明らかに損な目の前の10ポンドを取ってしまうのです。強い欠乏感を抱いているとき、私たちの脳はＴＭＳを前頭葉に当てたときと同じ状態になっていることが判明しています。

つまり、お金、時間などが足りないと焦っているときの選択は、後悔するようにできているのです。**コアバリューを自覚し長期的な視点で選択するクセをつければ、こうした欠乏感によって選択を誤ることを防いでくれます。**

選択の基準がわかるコアバリューノート

①「自分が人生で大切にしていきたいこと」を１つ記入

最も大切なことを記入することによって、あなたの価値観や価値の基準が確認できる。

②ポジティブな３つの出来事を記入

家族

- 出社前にジムへ行き、いい汗をかいた
- 昼休みに安くて美味しいお店を見つけた
- 仕事が計画通りに進んだ

ポジティブな出来事を記入すると、自分の価値観と自分の感性が食い違っていないかがわかる。

③「人生で大切にしていきたいことのために取った選択と行動」を記入

- 家族の顔を見るために、出来るだけ早く帰った

大切なものだからこそ行動に出るもの。コアバリューを実現するために、合理的な行動を取れているかをチェックする。

④選択の基準がわかる

- 最も大切なもの → 家族
- ジムに行く → 健康を維持
- 安い店を選ぶ → 貯金できる
- 早めに帰社 → 家族と過ごすため

Let's try

やってみよう

05 自分を変えるための10%ルール

効果

継続性アップ	客観性アップ
★★★★★	★

「自分を変えたい、生活を変えたい」と思っても、多くの人が途中で挫折してしまう原因は、一気に大きく変えようとしてしまうからです。

そこで、提案したいのが「10%ルール」です。

自分の生活の10%くらいを変えていく。本書で学んだ選択にまつわる知恵のうち、10%程度を導入し、あなたの選択基準を変えていく。そんなイメージです。

RULE 1 食事を変える場合の10%ルール

1日3食、すべて炭水化物を抜くとなると挫折します。そうではなく、夜はお米を食べない、昼はファーストフードを食べないなど、まずはメニューを1個だけ変えていきましょう。

RULE 2

明確なプランを立て、実行するための10％ルール

いきなり1日のプランを立てて実行するのではなく、朝、家を出るまでの1時間、あるいは30分のみ、運動や読書、食事など明確なプランを立てて実行してみましょう。予定した時間以外もできそうと思っても、最初に決めた時間に限定します。

この「10％ルール」を実践する上で気をつけたいのは、始めてから1か月間は自分で決めた10％以上の負荷をかけないこと。

そして、自分で決めた10％の制限や負荷が当たり前になったら、少しずつ〝％〟を上げていきましょう。

まとめ

大事なのは、一気に質を上げたり量を増やすことよりも、「続ける」こと。

これが新しい習慣を身につける秘訣です。

Epilogue

日々のいくつもの選択の先に
あなたの未来がある。

私がメンタリストとしてテレビで頻繁にパフォーマンスを見せていた頃、よく「人の心を読めるから、DaiGoさんは苦労しないですね」と言われたものです。そんなとき、いつもこんなふうに返していました。

「もし、僕が完全に人の心を読めるなら、仕事なんかしませんよ」と。

例えば、1年に1回カジノに行き、ディーラーの心を読んで正しい選択を繰り返し、元手を数十倍、数百倍に増やして帰ってくれば、それだけで稼ぐための仕事からは解放されます。

しかし、どんなに能力の高いメンタリストでも完璧に人の心を読むことはできず、正しい選択を繰り返し続けることはできません。

それでも**科学的根拠に基づいた訓練を積むことで、勝率を上げることはできます。**時折テレビで披露している「ババ抜き対決」で見せているように、私は一般の人よりははるかに高い確率で相手の心を読み、その選択を見破り、ゲームに勝利しています。

同じように**本書で紹介した科学的根拠のある訓練を積み、実践し、その結果を受けて修正していくというサイクルを回せば、誰もが本人にとってよりよい**

選択肢を選べるようになっていきます。

日々のいくつもの選択の先に、あなたの未来があることを意識しましょう。

私は以前、テレビ番組の取材で訪れたオックスフォードでの生活に強い憧れを持ちました。「いつかここで本に囲まれながら暮らしたい」と。

でも、「いつか」では「いいな」と思ったまま一生の夢で終わってしまいます。老後に移住したいわけでもなく、すぐにでもたどり着きたい。なので、憧れの生活を実現する計画が私の中では現実的なものになっています。

叶えたい夢を選択の先にある未来ととらえ、逆算して考えていく。そんな長期的ビジョンを持つことで、今日の選択の1つ1つが、あなたの未来を作っていく作業だと思えるはずです。

よりよい選択の先には、後悔のない人生が待っています。

本書があなたの人生の一助になることを願っています。

メンタリスト　DaiGo

参考文献

Gary Marcus(2009)Kluge:The Haphazard Evolution of the Human Mind

John W.Payneet al.(2014)A User's Guide to Debiasing

Barry Schwartz(2010)Practical Wisdom

Chernyak,N.,Leec, et al.(2017)Training preschooler's prospective abilities through conversation about the extended self.

Van Boven L(2003)Social projection of transient drive states.

Andrew C. Hafenbracket al.(2013)Debiasing the Mind Through Meditation Mindfulness and the Sunk-Cost Bias

Emily B.Falk(2015)Self-affirmation alters the brain's response to health messages and subsequent behavior change

Illan Yanivet al.(2012)When guessing what another person would say is better than giving your own opinion:Using perpective-taking to improve advice-taking

Denise de Ridden t al.(2014)Always Gamble on an Empty Stomach:Hunger Is Associated with Advantaguous Decision Making

Morewedge CK(2005)The least likely of times:how remembering the past biases forcasts of future.

Nicole L.Woodet al.(2014)Do self-reported decision styles relate with others' impressons of decision quality?

Jeffrey Hunghes,Abigail A. Scholer(2017)When Wanting the Best Goes Right or Wrong Distinguishing Between Adaptive and Maladaptive Maximization

Gergana Y.Nenkow et al.(2008)A short form of the Maximizartion Scale:Factor structure,reliability and validity studies

Catherine A.Hartley(2014)Anxiety and Decision-Making

著者 メンタリストDaiGo（ダイゴ）

人の心を読み、操る技術“メンタリズム”を駆使する日本唯一のメンタリスト。テレビ番組への出演多数。現在は、作家、大学教授、企業顧問として活動中。心理学を応用し、ITサービスから遺伝子検査までさまざまなプロダクトを開発している。著書多数。

オフィシャルサイト　http://daigo.jp/

執筆協力	佐口賢作
本文デザイン・DTP	森田千秋（G.B. Design House）
本文イラスト	まつむらあきひろ
カバー撮影	井上満嘉
スタイリスト	松野宗和
ヘアメイク	永瀬多壱（VANITES）
編集協力	坂尾昌昭　小芝俊亮　細谷健次朗（株式会社G.B.）

後悔《こうかい》しない超選択術《ちょうせんたくじゅつ》

2018年12月10日発行　第1版

著　者　メンタリストDaiGo
発行者　若松和紀
発行所　株式会社 西東社
〒113-0034　東京都文京区湯島2-3-13
http://www.seitosha.co.jp/
営業　03-5800-3120
編集　03-5800-3121〔お問い合わせ用〕

ISBN 978-4-7916-2717-2